Wenn viele kleine Leute
an vielen Orten viele
kleine Dinge tun,
können sie das Gesicht
der *Welt verändern*.

Afrikanisches Sprichwort

SUSANNE PRETTEREBNER

Rezepte für die Zukunft

Hintergrundwissen zum Thema „Ernährung und Klimaschutz"
sowie saisonale Gerichte als Sahnehäubchen

REZEPTE FÜR DIE ZUKUNFT

Vorwort

Obwohl Klimaschutz als weltweite Anforderung gelten sollte, fühlen sich nur wenige dafür persönlich verantwortlich. Tatsächlich verursachen nicht nur private Mobilität und der Bereich Wohnen enorme Treibhausgasemissionen: Mit unseren täglichen Konsum- und Ernährungsgewohnheiten gehen speziell noch größere Umweltbelastungen einher. Es scheint, die Dringlichkeit würde ignoriert und die Verantwortung in Sachen Umwelt- und Klimaschutz lieber Politikern zugeschoben – in der Hoffnung, dass die Weltpolitik sämtliche Probleme in Zusammenhang mit dem kaum aufzuhaltenden Klimawandel lösen wird.

Wissenswert
Als verantwortungsbewusster Konsument haben Sie sich bestimmt schon die eine oder andere der folgenden Fragen gestellt: Welchen Fisch kann man noch ohne schlechtes Gewissen essen? Ist es eine Klimasünde, im Winter Erdbeeren aus Südafrika zu kaufen? Sind Biolebensmittel tatsächlich immer die bessere Wahl für unsere Umwelt? Sind PET- oder doch Glasflaschen umweltverträglicher? „Rezepte für die Zukunft" versucht, darauf Antworten zu geben und den Auswirkungen unseres Konsum- und Ernährungsverhaltens auf Umwelt und Klima auf den Grund zu gehen. Neben ganzseitigen Infografiken, die wesentliche Zusammenhänge veranschaulichen, finden Sie darüber hinaus auch konkrete Tipps und Vorschläge für einen verantwortungsvollen Ernährungsstil.

Saisonale Gerichte als Sahnehäubchen
Sprichwörtlich die richtige Würzung wird durch eine saisonale Rezeptsammlung für das ganze Jahr verliehen. Der Schwerpunkt des Kochbuchs liegt auf vegetarischen Speisen, die ohne die Verwendung von Tiefkühllebensmitteln und weitgehend ohne Fertigprodukte und exotische Zutaten auskommen. Keine Sorge: Das eine oder andere Fleisch- beziehungsweise Fischgericht ist trotzdem zu finden! 48 abwechslungsreiche Rezepte demonstrieren, dass jeder Einzelne durch bewusstes Einkaufen und Kochen einen relevanten Beitrag leisten kann. Zudem beweisen einige einfache Kochideen, dass Essensreste nicht direkt in den Abfall wandern müssen, sondern dass sich auch daraus kreative Köstlichkeiten zaubern lassen.

Gut informiert
Da vor allem frisches, saisonales Obst und Gemüse aus der Region als ideale Zutaten einer umweltbewussten Küche gelten, zeigt Ihnen der beiliegende Saisonkalender, wann welche Produkte aus regionalem Anbau erhältlich sind.

Persönliches Anliegen
Das vorliegende Buch ist aus persönlichem Interesse als Masterarbeit während meines Studiums Media and Interaction Design entstanden. Es stellt einen Versuch dar, ein äußerst komplexes, aber außerordentlich wichtiges Thema ansprechend und verständlich aufzubereiten. Dabei soll nicht der moralische Zeigefinger erhoben werden, sondern es sollen lediglich einfach umzusetzende Maßnahmen aufgezeigt werden, anhand derer jeder Einzelne durch einen bewusst umweltfreundlichen Lebensstil seinen persönlichen Klimaschutzbeitrag leisten kann. Es soll das Bewusstsein geschärft werden, wie wichtig es ist, auch in Sachen Ernährung auf Umwelt- und Klimafreundlichkeit zu achten.

Allgemein

REZEPTE FÜR DIE ZUKUNFT

Inhaltsverzeichnis

 Allgemein

5 Vorwort

🍅 Ernährung, Konsum und Klimaschutz: Mehrwert Wissen

11 FOKUS AUF ZUSAMMENHÄNGE
Der Einfluss von Konsumverhalten und Ernährungsgewohnheiten auf Umwelt und Klima

14 IM ÜBERBLICK
Zwölf einfache kulinarische Klimaschutzmaßnahmen

16 SCHNELL ERKLÄRT
Klimabilanz, CO_2-Fußabdruck und CO_2-Äquivalente

17 EINFACH DAS KLIMA SCHÜTZEN
Mit geringem Aufwand möglichst viel erreichen

19 KLIMASÜNDE FLEISCHKONSUM
Weniger Fleisch: besser fürs Klima und für unsere Gesundheit

23 BIOTREND AUSLEBEN
Teure Biolebensmittel sind tatsächlich günstiger für Umwelt und Klima

27 UNGLAUBLICH, ABER WAHR
Regional angebaute Tomaten sind nicht immer die bessere Wahl für unsere Umwelt

31 WEIT GEREISTE KLIMASÜNDEN
Per Flugzeug importierte Lebensmittel haben in klimafreundlichen Gerichten nichts verloren

35 WENN'S ZWISCHENDURCH SCHNELL GEHEN SOLL
Mit Fertigpizza und Tiefkühlpommes versündigt man sich doppelt – am eigenen Körper und an der Natur

39 BELIEBTE UMWELTSÜNDEN
Wie man durch einen verminderten Konsum von Milchprodukten einen großen Umweltbeitrag leistet

43 LEERE MEERE – VOLLE SUSHILÄDEN
Regelmäßiger Fischgenuss und Nachhaltigkeit – lässt sich das grundsätzlich vereinbaren?

47 VEGETARIER, AUFGEPASST!
Wie durch die falsche Wahl der Beilage das Klima um ein Vielfaches belastet wird

51 MEHR ZEITERSPARNIS, GERINGERE STROMKOSTEN
Beim Kochen wird unnötig viel Energie verheizt

55 UNVERPACKTE KLIMAFREUNDE
Leitungswasser – unschlagbar günstig, gesund und umweltfreundlich

59 ÜBERFLÜSSIGE LEBENSMITTELABFÄLLE
Wie mehr als 200 Euro pro Jahr und Kopf sinnlos zum Fenster hinausgeworfen werden

63 GELD UND TREIBHAUSGASE SPAREN
Weshalb man besser zu Fuß Importgemüse als mit dem Auto Bioobst einkaufen sollte

Klimafreundliches Kochen und Genießen: saisonale Rezepte

69 CONCLUSIO – REZEPTE FÜR DIE ZUKUNFT
Wie man genussvoll einen Klimaschutzbeitrag leistet

70 GUT INFORMIERT
Nützliche Hinweise zur Verwendung der Rezepte

72 AUF EINEN BLICK
Rezeptübersicht

74 SAISONKALENDER GEMÜSE
Wann wächst bei uns welches Gemüse und wie wird es angebaut?

76 SAISONKALENDER OBST
Wann wächst bei uns welches Obst und wie lange kann es gelagert werden?

79 JÄNNER
Gerichte mit Porree, Karotten, Walnüssen und Äpfeln

85 FEBRUAR
Rund um Kartoffeln, Kohlsprossen, Birnen und Äpfel

91 MÄRZ
Köstliches mit Kohl, Roten Rüben, Äpfeln und Birnen

97 APRIL
Gerichte mit Spinat, Rhabarber und Walnüssen

103 MAI
Rund um Brokkoli, Kohlrabi, Erdbeeren und Rhabarber

109 JUNI
Leichtes mit Tomaten, Spargel, Erd- und Himbeeren

115 JULI
Sommerliches mit Fenchel, Gurke, Ribiseln und Pfirsich

121 AUGUST
Tomaten, Melanzani, Marillen, Heidelbeeren verarbeitet

127 SEPTEMBER
Rund um Fisolen, Paprika, Zwetschken und Pfirsich

133 OKTOBER
So köstlich: Karotten, Sellerie, Quitten und Weintrauben

139 NOVEMBER
Leckeres mit Kürbis, Karfiol, Quitte und Haselnüssen

145 DEZEMBER
Winterliches mit Topinambur, Kohl, Maroni und Äpfeln

Anhang

151 Glossar
154 Fußnotenübersicht
158 Quellennachweise
168 Impressum

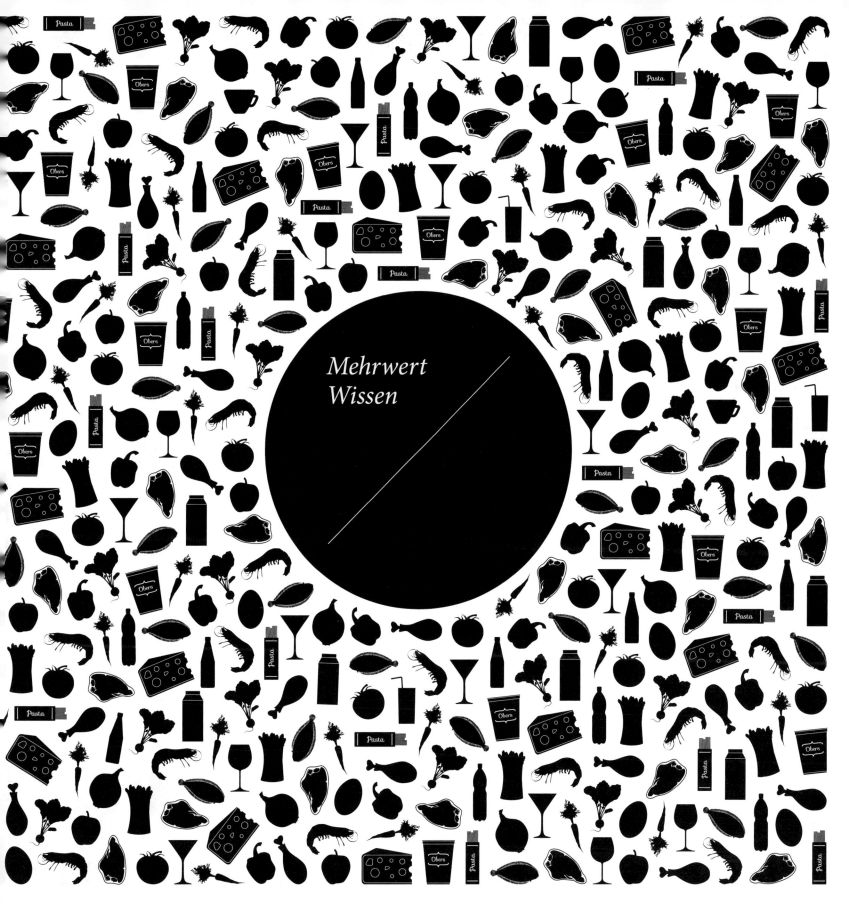

FOKUS AUF ZUSAMMENHÄNGE

Der Einfluss von Konsumverhalten und Ernährungsgewohnheiten auf Umwelt und Klima

Dass Verkehr und Industrie massive Auswirkungen auf unsere Umwelt haben, ist weitläufig bekannt. Dass auch tägliche Konsum- und Ernährungsgewohnheiten negativen Einfluss auf das Klima haben, ist leider viel zu wenig im Bewusstsein verankert. Umso wichtiger ist es aufzuzeigen, dass sowohl landwirtschaftliche Erzeugung, industrielle Verarbeitung, Transport und Verpackung von Lebensmitteln sowie ernährungsbedingte Verbraucheraktivitäten beachtliche Treibhausgasemissionen verursachen, die mitverantwortlich für den anthropogenen Treibhauseffekt sind und maßgeblich zur globalen Klimaerwärmung beitragen.[1]

Natürlicher und anthropogener Treibhauseffekt

Ohne die in geringen Mengen natürlich in der Atmosphäre vorhandenen Treibhausgase würden auf der Erde Durchschnittstemperaturen von −20 °C herrschen.[2] Jegliches Leben in heutiger Form wäre ohne den natürlichen Treibhauseffekt undenkbar. Im Gegensatz dazu wird der anthropogene Treibhauseffekt durch vermehrte Treibhausgasemissionen durch den Menschen verursacht. In den vergangenen 150 Jahren hat der Treibhausgasausstoß massiv zugenommen und in der Atmosphäre zu einer erhöhten Konzentration langlebiger Treibhausgase wie etwa Kohlendioxid, Methan und Lachgas geführt.[3] Die veränderte Zusammensetzung begünstigt eine verstärkte Absorption der Sonnenstrahlen, die von der Erde reflektiert werden.[4] Das Resultat ist eine allmähliche Erwärmung der Erde – der menschenverursachte Klimawandel.[5]

Konsequenzen des Klimawandels

Die Auswirkungen des Klimawandels sind vielschichtig und reichen vom Temperatur- und Meeresspiegelanstieg bis zu extremen Wetterereignissen, die bereits jetzt weltweit spürbar sind. Klimaforscher prognostizieren bis Ende 2099 mögliche Szenarien eines Temperaturanstiegs von bis zu 6,4 °C und einen damit verbundenen Anstieg des Meeresspiegels um bis zu 60 Zentimeter.[6] Die Auswirkungen auf küstennahe Gebiete wären unvorstellbar. Selbst wenn die Treibhausgasemissionen durch die Einhaltung strenger Klimaschutzmaßnahmen konstant auf einem Stand aus dem Jahr 2000 gehalten werden könnten, müsste bis Ende dieses Jahrhunderts von einer Erwärmung um 0,6 °C ausgegangen werden.[7] Tatsächlich wirkt sich nicht nur unser Ernährungsstil negativ auf das Klima aus, der Klimawandel bedroht bereits jetzt die Herstellung von Nahrungsmitteln in zahlreichen Regionen der Welt. So führen unter anderem Überschwemmungen, Dürreperioden und Bodenerosion zu verminderten Erträgen bis hin zu kompletten Ernteausfällen, wodurch Lebensmittelversorgung und -sicherheit gefährdet sind.[8]

Gegenmaßnahmen

Bereits 2009 wurde im Zuge des Klimagipfels das Ziel festgesetzt, dass der globale Temperaturanstieg 2 °C nicht überschreiten sollte, um die Auswirkungen des Klimawandels möglichst gering zu halten.[9] Um die Klimaerwärmung einzugrenzen, müssten die CO_2-Emissionen rapide zurückgehen. In Industrieländern würde das eine Reduktion der Emissionen* um 85 bis 95 % erfordern, damit bis zum Jahr 2050 der jährliche Treibhausgasausstoß pro Person nicht mehr als eine Tonne beträgt.[10] Wie unerreichbar eine solch enorme Reduktion erscheint, verdeutlicht der heutige Treib-

---

* Bezogen auf den Treibhausgasausstoß aus dem Jahr 2000.

Einleitung

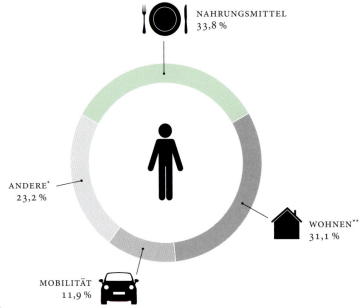

Abb. 1: Konsum (Quelle siehe Fußnote 15)

hausgasausstoß pro Person. Berücksichtigt man der Vollständigkeit halber auch die indirekten Treibhausgasemissionen, die infolge von globalen Landnutzungsänderungen entstehen, beträgt allein der persönliche ernährungsbedingte Klimafußabdruck bereits 2,5 Tonnen CO_{2e} jährlich.[11] Das verdeutlicht, dass jede Möglichkeit genutzt werden muss, die Emissionen zu minimieren – auch auf dem Gebiet der täglichen Ernährung.

Ernährungsbedingte Umweltbelastung
Unsere Konsum- und Ernährungsgewohnheiten haben einen sehr großen Einfluss auf Umwelt und Klima. Knapp ein Fünftel[12] der konsumbedingten Treibhausgasemissionen hängt mit der Ernährung zusammen. Neben dem Ausstoß von Treibhausgasen gehen mit der Bereitstellung von Nahrungsmitteln allerdings noch weitere ökologische Probleme einher. Dazu gehört unter anderem die Verunreinigung von Gewässern und Böden durch den massiven Einsatz von mineralischen Stickstoffdüngern und Pestiziden.[13] Durch die detailgenaue Betrachtung der Auswirkungen wird deutlich, dass sogar mehr als ein Drittel[14] der gesamten Umweltbelastungen auf den Bereich Ernährung zurückzuführen ist. So liegen die ernährungsbedingten Umweltbelastungen sogar noch vor den Bereichen Wohnen (31,1 %[15]) und Mobilität (11,9 %[16]). Daraus wird deutlich, dass für den Einzelnen eine klimaschonende Ernährung das größte Potenzial zur Reduktion von Umweltbelastungen und Treibhausgasemissionen darstellt.[17]

---

* Darunter Konsumbereiche wie Gesundheit, Freizeit, Kultur, Bekleidung, Bildung etc.
** Inklusive Miete, Energie, Wasser, Entsorgung, Wohnungsbau, Möbel und Haushaltsgeräte.

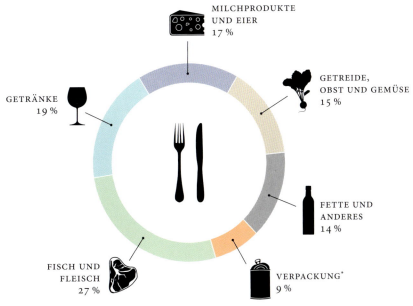

Abb. 2: Ernährung (Quelle siehe Fußnote 20)

Ausschlaggebende Faktoren

Innerhalb des Bereichs Ernährung belasten einzelne Produktgruppen Umwelt und Klima unterschiedlich stark. Unter den Nahrungsmitteln zählen Fleisch- und Milchprodukte sowie Eier zu den größten Klimasündern.[18] Lebensmittel tierischen Ursprungs verursachen somit mehr als 40 % der ernährungsbedingten Umweltbelastungen.[19] Im Vergleich dazu trägt der Anbau von Obst, Gemüse und Getreide lediglich 15 %[20] zur Gesamtbelastung bei. Neben den direkt durch Nahrungsmittel verursachten Umweltbelastungen spielen auch individuelle Verbraucheraktivitäten wie etwa Zubereitung und Lagerung von Nahrungsmitteln sowie Einkaufsfahrten eine nicht zu vernachlässigende Rolle.[21] Lebensmitteleinkäufe mit dem Auto verschlechtern die Klimabilanz von Lebensmitteln erheblich. So verursacht bereits eine Autofahrt von 4 Kilometern weit mehr Emissionen als der konventionelle Anbau von 6 Kilogramm Kartoffeln.[22]

Klimaschonender Lebensstil

Mit einem bewusst klimaschonenden Ernährungsstil kann jeder Mensch täglich einen erheblichen Beitrag zum Klimaschutz leisten – und das ist ganz einfach. Auf den folgenden Seiten werden zwölf Maßnahmen für ein nachhaltiges Ernährungs- und Konsumverhalten dargestellt, durch die mit geringem Aufwand und ein wenig Engagement die Umwelt entlastet und der Treibhausgasausstoß maßgeblich minimiert werden kann.

* Inklusive Verarbeitung und Transport.

IM ÜBERBLICK

Zwölf einfache kulinarische Klimaschutzmaßnahmen

1. Wenig Fleisch

Die Erzeugung tierischer Lebensmittel wie Fleisch- und Wurstwaren ist sehr ressourcenintensiv. Eine bewusste Reduktion des Konsums zugunsten pflanzlicher Lebensmittel spart enorme Mengen CO_2e.[23] *Mehr ab Seite 19.*

4. Regionale Lebensmittel

Importierte Lebensmittel sind mit vergleichsweise hohen Emissionen verbunden. Vor allem frische, empfindliche Nahrungsmittel, die per Flugzeug ins Land reisen, sind wahre Klimasünder – sogar Bioprodukte.[26] *Mehr ab Seite 31.*

2. Biolebensmittel

Der biologische Obst- und Gemüseanbau verursacht weniger Treibhausgase. Zusätzlich wirkt sich im ökologischen Landbau das Verbot von Stickstoffdünger und chemischen Pestiziden positiv auf die Umwelt aus.[24] *Mehr ab Seite 23.*

5. Gering verarbeitete Produkte

Jeder industrielle Verarbeitungsschritt verschlechtert die Klimabilanz von Lebensmitteln. Das heißt, der Verzehr von gering verarbeiteten Produkten wie frischem Gemüse verhindert unnötige Treibhausgase.[27] *Mehr ab Seite 35.*

3. Saisonales Obst und Gemüse

Obst und Gemüse, das während der Saison im Freiland angebaut wird, verursacht die geringsten Emissionen. Der Anbau außerhalb der Saison in beheizten Glashäusern ist äußerst energieintensiv.[25] *Mehr ab Seite 27.*

6. Wenig Milchprodukte

Neben Fleisch verursachen vor allem Milchprodukte wie Butter und Käsesorten mit hohem Fettgehalt enorme Emissionen. Ein reduzierter Verzehr bietet großes Einsparpotenzial bei den Treibhausgasen.[28] *Mehr ab Seite 39.*

7. Maßvoller Fischkonsum

Obwohl wöchentliche Fischmahlzeiten empfohlen werden, ist davon aus Umweltschutzgründen abzuraten. Da weder Fischerei noch Fischzucht nachhaltig agieren, sollte man lieber nur einmal im Monat Fisch essen.[29] *Mehr ab Seite 43.*

10. Wenig abgepackte Getränke

Bei der Ökobilanz von Getränken und aus Gesundheitsgründen ist Leitungswasser der klare Sieger. Herstellung, Abfüllung und Transport industriell erzeugter Getränke sind sehr ressourcenintensiv.[31] *Mehr ab Seite 55.*

8. Klimaschonende Beilagen

Die vegetarische Ernährung ist nicht per se klimafreundlich. Vor allem bei den Beilagen sollte auf emissionsstarke Nahrungsmittel wie Pommes frites, Fertigkartoffelpüree und Reis verzichtet werden.[30] *Mehr ab Seite 47.*

11. Vermeidung von Abfällen

Um die Umwelt zu entlasten, ist es wichtig, Abfälle jeglicher Art zu vermeiden. Deshalb sollte man auf möglichst gering verpackte Ware und vermeidbare Lebensmittelabfälle sowie Resteverwertung achten. *Mehr ab Seite 59.*

9. Energieeffiziente Zubereitung

Klimafreundlich zu kochen ist gar nicht schwer. Wenn man auf eine energieeffiziente Zubereitung achtet, lassen sich mit einfachen Maßnahmen neben Treibhausgasen zusätzlich Zeit und Geld sparen. *Mehr ab Seite 51.*

12. Einkaufen ohne Auto

Lebensmitteleinkäufe mit dem Auto verursachen bereits bei wenigen Kilometern enorme Emissionen, die selbst der Einkauf von wenig klimabelastenden Lebensmitteln nicht mehr wettmachen kann.[32] *Mehr ab Seite 63.*

SCHNELL ERKLÄRT

Klimabilanz, CO$_2$-Fußabdruck und CO$_2$-Äquivalente

Um ökologische Auswirkungen von Produkten miteinander zu vergleichen, können verschiedene Messgrößen herangezogen werden, die jedoch unterschiedlich viele Indikatoren berücksichtigen. Zu den gängigen Analysen zählen die Öko- beziehungsweise Klimabilanz, auch als CO$_2$-Fußabdruck bezeichnet, und das Umweltbelastungspunkteverfahren. Im Folgenden werden diese Methoden näher erläutert.

CO$_2$-Fußabdruck
Der CO$_2$-Fußabdruck berücksichtigt ausschließlich den Treibhausgasausstoß entlang des gesamten Produktlebens- zyklus, der von der Gewinnung der Rohstoffe über Pro- duktion und Transport bis zu Nutzung und Recycling reicht.[33] Als Nachteil von CO$_2$-Bilanzen gilt, dass diese weitere Umweltaspekte wie etwa den Ressourcenverbrauch vernachlässigen. CO$_2$-Emissionen sind in Bezug auf Um- weltfreundlichkeit nicht der einzige Maßstab. Natürlich ist es notwendig, den Treibhausgasausstoß zu reduzieren, um den Klimawandel einzudämmen. Dennoch gibt es weitere ausschlaggebende Kriterien, die darüber entscheiden, ob etwas umweltfreundlich ist. Das wird deutlich, wenn man die Atomenergie näher beleuchtet: Beim Vergleich der CO$_2$- Bilanzen von Stromerzeugung in Kern- und Kohlekraft- werken schneidet Erstere wesentlich besser ab.[34] Berück- sichtigt man Risikopotenzial und radioaktiven Müll, die mit Atomstrom einhergehen, kann diese Energieerzeugung jedoch keineswegs als umweltfreundlich propagiert werden.

Umfassende Bewertung
Im Gegensatz zum CO$_2$-Fußabdruck bewertet der Indika- tor „Umweltbelastungspunkte" neben Treibhausgasen eine Vielzahl an weiteren umweltrelevanten Kenngrößen wie etwa Überdüngung, Versauerung und Auswirkungen auf Tiere und Pflanzen. Außerdem berücksichtigt dieser auch den Verbrauch der Ressourcen Wasser, Land und Energie.[35]

CO$_2$-Äquivalente
Die Treibhauswirkung unterschiedlicher Gase und deren Verweildauer in der Atmosphäre variieren stark. Um Emis- sionen bewerten zu können, werden sämtliche Treibhausgase wie etwa Methan auf ihre Klimawirksamkeit hinsichtlich CO$_2$ verglichen und in CO$_2$-Äquivalenten (CO$_{2e}$) angegeben.[36] Beispielsweise ist Methan 21 Mal[37] klimawirksamer als Koh- lendioxid – 1 Kilogramm Methan ergibt 21 Kilogramm CO$_{2e}$.

Bessere Vergleichbarkeit
Da dieses Buch auf andere Studien angewiesen ist, werden Lebensmittel anhand von Ökobilanzen in CO$_2$-Äquivalenten gegenübergestellt, obwohl die Umweltbelastungspunkte ein geeigneteres Maß für die Bewertung von Gesamtbelastungen darstellen. Auch wenn Ökobilanzen verschiedener Studien streng genommen nicht direkt miteinander vergleichbar sind, lassen sich diese dennoch anhand ihrer Größenord- nung in Relation zueinander setzen.

Gramm pro Kilogramm
Bei den angegebenen Zahlen handelt es sich um Treibhaus- gasemissionen in Gramm CO$_2$-Äquivalente, die sich auf 1 Kilogramm Lebensmittel aus konventioneller Herstellung beziehen. Ausnahmen sind vermerkt. Zugunsten der Info- grafiken sind die Äquivalente ohne den CO$_{2e}$-Zusatz ange- führt und werden durchgehend kursiv dargestellt.

EINFACH DAS KLIMA SCHÜTZEN

Mit geringem Aufwand möglichst viel erreichen

Alle zwölf Themen beinhalten konkrete Vorschläge, die helfen, ohne großen Aufwand Treibhausgasemissionen zu reduzieren. Die Tipps zeigen, dass sich Klimaschutz sehr einfach ins Alltagsleben integrieren lässt und dass jeder Einzelne mit ein wenig Engagement und Verantwortungsbewusstsein effektiv einen Beitrag zur CO_2e-Reduktion leisten kann.

Zusatznutzen

Oft sind einzelne Handlungsempfehlungen mit weiteren positiven Nebeneffekten verbunden. So lassen sich beispielsweise durch eine energieeffiziente Zubereitung von Speisen nicht nur Treibhausgase vermeiden, sondern man kann auch effektiv Geld sparen. Von anderen Klimaschutztipps wie etwa einer Reduktion des Fleischkonsums profitiert nicht nur die Umwelt, sondern auch unsere Gesundheit.

Zur besseren Orientierung und Übersichtlichkeit wurden sämtliche Ratschläge nach folgenden Kriterien bewertet und entsprechend gekennzeichnet:

Nebenbei Geld sparen

Das ⑥-Symbol informiert darüber, ob und wie viel Geld man durch den Umweltbeitrag zusätzlich sparen kann.

Gesundheitlicher Nutzen

Das ♥-Symbol kennzeichnet Klimaschutztipps, die zusätzlich positive Effekte auf den eigenen Körper haben.

CO₂e-Einsparpotenzial

Die Gewichte geben Auskunft darüber, wie groß der Klimaschutzbeitrag ist beziehungsweise wie viel CO_2e man durch die Befolgung dieses Ratschlags sparen kann.

🏋   Ein Gewicht kennzeichnet Klimaschutztipps, durch deren Umsetzung man einen kleinen Umweltbeitrag leistet.

🏋🏋   Zwei Gewichte weisen auf ein geringes bis mittleres CO_2e-Einsparpotenzial hin.

🏋🏋🏋   Drei Gewichte stehen für einen außerordentlichen Klimaschutzbeitrag.

🏋🏋🏋🏋   Vier Gewichte markieren Vorschläge, durch deren Umsetzung sich beachtliche Mengen CO_2e vermeiden lassen.

Überschaubarer Aufwand

Die Sterne bewerten den jeweiligen Aufwand, der mit den einzelnen Vorschlägen verbunden ist.

★   Ein Stern weist auf Klimaschutztipps hin, die sich sehr einfach umsetzen lassen.

★ ★   Zwei Sterne kennzeichnen Ratschläge mit mittelmäßigem Aufwand.

★ ★ ★   Drei Sterne erfordern Disziplin und gehen mit etwas größerem Aufwand einher.

Man reduziere bewusst den Fleischkonsum und esse dafür vermehrt frische pflanzliche Lebensmittel wie Gemüse und Getreide!

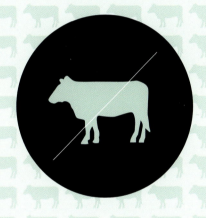

KLIMASCHUTZTIPP # 1

Fleisch

KLIMASÜNDE FLEISCHKONSUM

Weniger Fleisch: besser fürs Klima und für unsere Gesundheit

Pro Person essen wir jährlich mehr als 60 Kilogramm[38] Fleisch, das entspricht etwa 160 Gramm täglich. Diese weltweit enorme Fleischnachfrage bedingt allerdings zahllose negative Auswirkungen auf die Umwelt.[39] So ist die Tierproduktion an 18 % der globalen Treibhausgasemissionen beteiligt – ein größerer Anteil als durch den Sektor Verkehr.[40]

Wachsender Appetit auf Schnitzel und Co.
Fleisch war nicht immer ein Alltagsprodukt. In Zeiten unserer Großeltern war es Luxusware – und der wöchentliche Sonntagsbraten galt als etwas Besonderes. So lag 1970 der jährliche Konsum noch bei knapp 54 Kilogramm pro Kopf.[41] Durch eine Steigerung der Fleischproduktion mittels Massentierhaltung und durch ein höheres Einkommen der Bevölkerung ist Fleisch im Verhältnis zum Verdienst deutlich günstiger und somit für jeden leistbarer geworden.[42] Darin besteht eine der Hauptursachen für die Zunahme des Fleischverzehrs in den vergangenen Jahrzehnten.

Weniger Fleisch – mehr Klimaschutz
Verglichen mit pflanzlichen Lebensmitteln geht mit tierischen Produkten ein höherer Verbrauch an Ressourcen wie Land, Wasser und Erdöl einher. Im Gegensatz zu frischem Gemüse verursacht Geflügelfleisch das 22-Fache[43] und Rindfleisch mehr als das 80-Fache[44] an klimaschädlichen Emissionen. Je nach Zutaten eines vegetarischen Gerichts kann man mit diesem etwa 2 Kilogramm CO_{2e}[46] einsparen. Lebt man als Vegetarier*, lassen sich durch den kompletten Verzicht auf Fleisch jährlich sogar bis zu 602 Kilogramm[47] Emissionen vermeiden. So bietet ein reduzierter Fleischkonsum ein enormes Einsparpotenzial bezüglich CO_{2e}.

Beim Einkaufen immer bedenken: 1 Kilogramm Rindfleisch verursacht so viele Treibhausgase wie eine 50-km-Autofahrt.[45]

25 Kilogramm Futter – 1 Kilogramm Rindfleisch[48]
Für die schlechte Ökobilanz von Fleisch sind unterschiedliche Faktoren ausschlaggebend. Diese reichen von enormer CO_2-Freisetzung durch Entwaldung für neue Weide- und Futtermittelflächen, energieintensiver Produktion und dem Einsatz von synthetischem Dünger bis zu direkten Methanemissionen, die bei der Verdauung von Wiederkäuern entstehen.[49] Zudem ist die Umwandlung von pflanzlichem Futter zu Fleisch äußerst ineffizient – je nach Tierart gehen dabei 89 bis 97 % der Nahrungsenergie verloren.[50]

Gesundheitlich bedenklich
Fleisch ist ein guter Lieferant von wertvollen Proteinen und Nährstoffen wie beispielsweise Eisen oder Zink.[51] Jedoch führt die durch einen hohen Fleischkonsum vermehrte Aufnahme von Fett, Cholesterin und gesättigten Fettsäuren zu einem erhöhten Risiko bezüglich Diabetes-, Herz-Kreislauf- und Fettstoffwechselerkrankungen.[53] Deshalb ist eine ausgewogene Ernährung mit maximal drei Fleischmahlzeiten pro Woche (à 150 Gramm) durchaus auch aus Gesundheitsgründen sinnvoll.[52]

Einfach mal Teilzeitvegetarier werden!

Mit dem Verzicht auf Fleisch an vier Tagen pro Woche vermeidet man bis zu 198 Kilogramm CO_{2e} pro Jahr.[54] Aber Vorsicht: Auch pflanzliche Nahrungsmittel wie Pommes frites, Schlagobers, Reis oder Hartkäse gelten als wahre Klimasünder!

20

* Gemeint sind Ovo-Lacto-Vegetarier, die auf Fleisch verzichten, aber neben pflanzlichen Lebensmitteln auch Milch, Milchprodukte und Eier verzehren.

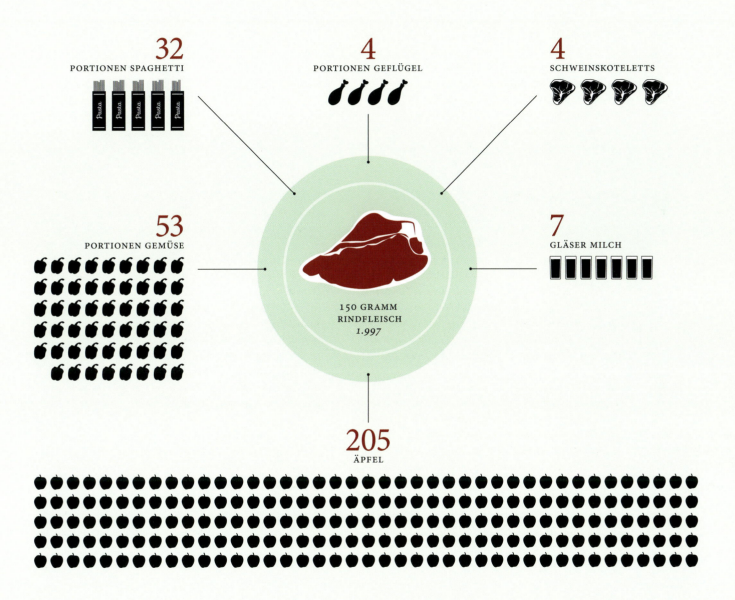

Abb. 3: Fleisch

Man leiste einen aktiven Beitrag zum Klimaschutz und bevorzuge hauptsächlich Lebensmittel aus ökologischer Erzeugung!

KLIMASCHUTZTIPP # 2

Bioprodukte

BIOTREND AUSLEBEN

Teure Biolebensmittel sind tatsächlich günstiger für Umwelt und Klima

Angesichts der höheren Preise von ökologisch erzeugten Lebensmitteln fragt man sich spätestens an der Supermarktkasse, ob man mit dem Kauf hochwertiger Bioprodukte auch wirklich die bessere Wahl im Sinne des Umweltschutzes getroffen hat.

Die Nachfrage nach ökologischen Produkten steigt stetig. So wurden 2012 bereits 18,6 % der landwirtschaftlichen Nutzfläche in Österreich rein biologisch bewirtschaftet.[62]

Vom Nischenprodukt zum Trendsetter
Waren Bioprodukte bis Mitte der 90er-Jahre[61] ausschließlich im Reformhaus erhältlich, sind diese heutzutage aus den Supermarktregalen nicht mehr wegzudenken. Mittlerweile haben Lebensmittelketten wie auch Discounter den nicht aufzuhaltenden Trend erkannt und bieten erfolgreich ihre eigenen Biomarken an.

Klimavorteil ökologischer Pflanzenbau
Im biologischen Anbau ist die Verwendung von mineralischem Stickstoffdünger untersagt.[63] Wie eine Studie belegt, sind dieses Verbot und eine verminderte Düngung mit Stallmist ausschlaggebend dafür, dass bei Biobetrieben der Energie-Input die Hälfte und die Treibhausgasemissionen ein Drittel von jenen der konventionellen Betriebe betragen.[64] Diese Ersparnis bezieht sich auf die Anbaufläche. Da bei ökologischem Anbau geringere Erträge erzielt werden, führt das zu einem verminderten Einsparpotenzial von etwa 10 bis 35 % CO_{2e}.[65] Je nach Erzeugnis variiert die Treibhausgasreduktion – bei Biosalat beträgt diese 12 %[66], bei Bioweizenbrot hingegen 22 %[67]. Paradoxerweise kann Bioanbau in Einzelfällen, etwa bei Bohnen und Spinat, sogar zu höheren Emissionen führen.[68] Die Erklärung dafür ist ein erhöhter Feldbearbeitungsgrad, der durch den Wegfall von synthetischem Dünger und Pestiziden bedingt ist.[69]

Mehr als nur ungespritzt
Mit einem vermehrten Verzehr von Bioprodukten kann man wesentlich zum Klimaschutz beitragen. Unsere Umwelt profitiert in vielerlei Hinsicht von der ökologischen Landwirtschaft. Unter anderem wirken sich Herbizidverbot und eine vielfältige Fruchtfolge positiv auf die Biodiversität aus.[70] Schwächere Schadstoffbelastungen des Grund- und Trinkwassers sowie geringere Pestizidrückstände bei Biolebensmitteln gehen ebenfalls mit der naturnahen Produktionsweise einher.[71] Wechselnde Fruchtfolgen und organische Düngung führen zu Humusaufbau, der eine Kohlenstoffanreicherung im Boden begünstigt.[72]

Unabhängiges Kontrollsystem
Laut EU dürfen nur Bioprodukte, die strikt nach Verordnung produziert werden, das EU-Bio-Logo sowie die Bezeichnung „biologisch" bzw. „ökologisch" tragen.[73] Verbände wie „Demeter" und „Bio Austria" garantieren zusätzlich strengere Richtlinien, die von einer Genehmigungspflicht für Futtermittelimporte, geringeren Kraftfutteranteilen bis hin zu erhöhten Auflagen bei der Tierhaltung reichen.[74]

Bei der Ernährung auf 100 % bio setzen!

Wer sich rein biologisch ernährt, kann jährlich bis zu 401 Kilogramm CO_{2e} sparen.[75] Speziell bei Bioprodukten auf die Herkunft achten! Stammen diese aus Übersee, sind sie klimaschädlicher als konventionelle regionale Erzeugnisse.

Abb. 4: Bioprodukte

Man genieße hauptsächlich frische, regionale Produkte in deren Saison und vermeide den Kauf von Gewächshausgemüse!

KLIMASCHUTZTIPP #3

Glashaus

UNGLAUBLICH, ABER WAHR

Regional angebaute Tomaten sind nicht immer die bessere Wahl für unsere Umwelt

Mit einem Pro-Kopf-Verbrauch von rund 25 Kilogramm jährlich zählen Tomaten zum Lieblingsgemüse der Österreicher und Deutschen.[79] Allerdings wird der Großteil des konsumierten Gemüses importiert und nur eine geringe Menge wird im Inland angebaut.

Freilandanbau für die Dose

Aufgrund heutiger Qualitätsanforderungen werden Tomaten beinahe zur Gänze in Glashäusern oder Folientunneln angebaut.[80] Das entspricht ganz dem europäischen Trend: Die Niederlande und Belgien produzieren fast ausschließlich für den frischen Verkauf und gelten als Vorreiter des hochtechnisierten Treibhausanbaus mittels Nährlösung ohne Erde.[81] Dagegen wird in Spanien kostengünstig in unbeheizten Folientunneln angebaut.[82] Nur in Ländern wie Griechenland, Italien und der Türkei wird das wärmeliebende Gemüse noch frei kultiviert.[83] Dennoch wird man im Supermarkt vergeblich nach frischen Freilandtomaten suchen. Sonnengereifte Tomaten werden exklusiv für die Weiterverarbeitung angebaut[85] und landen beispielsweise als Doseninhalt im Supermarktregal.

Klimaschädigender Trend

Angesichts der steigenden Nachfrage nach frischen Tomaten in den Herbst- und Wintermonaten werden wohl auch bei uns beheizte Gewächshäuser zunehmen. Abhängig von den Außentemperaturen ist ein enormer Energieaufwand zum Beheizen erforderlich, um die frostempfindlichen Tomatenpflanzen mit Jahresbeginn setzen und Anfang März ernten zu können.[86] Kauft man außerhalb der Saison heimische Tomaten, stammen diese aus beheizten Glashäusern und verursachen rund zwölf Mal[87] mehr Emissionen* als im Sommer.

El tomate

Im Herbst und im Winter kommt das bei uns erhältliche Sommergemüse zumeist aus Spanien, wo in unbeheizten Folientunneln angebaut wird. Pro Kilogramm spanischer Tomaten entstehen samt Lkw-Transport 440 Gramm CO_2-Äquivalente.[88] Zum Vergleich: Bei drei Dosen geschälten Tomaten (à 440 Gramm) aus italienischem Freilandanbau fallen 710 Gramm CO_2e an.[89]

Ganzjähriges Sommergemüse

Gemüse, das außerhalb der heimischen Saison konsumiert wird, verursacht immer ein Vielfaches an Emissionen – egal, ob über weite Strecken transportiert, über Monate in Kühlhäusern gelagert oder in beheizten Glashäusern angebaut. Die einzig nachhaltige Kaufentscheidung ist saisonales Biogemüse aus regionalem Freilandanbau. Nur dieses garantiert eine Aufzucht in der Erde. Denn der Hors-sol-Anbau** ist gemäß Biorichtlinien nicht zugelassen.[90]

Gewächshausgemüse grundsätzlich meiden!

Saisonales Biogemüse bevorzugen und im Winter auf Sommergemüse wie Tomaten, Paprika und Co. verzichten: Durch diesen guten Vorsatz lässt sich jährlich neben 83 Kilogramm CO_2e[91] zusätzlich auch noch Geld sparen.

Augen auf beim Salatkauf! Allein der Anbau eines einzigen Salatkopfs in einem beheizten Gewächshaus belastet die Umwelt mit einem halben Kilogramm CO_2e.[84]

---

* Bezogen auf regional angebaute Tomaten in Folientunneln.
** Franz. *hors-sol* bedeutet „außerhalb des Bodens" (Duden);
Hors-sol-Produktion: Anbau ohne Erde mittels Nährlösung, mit oder ohne Substrat.

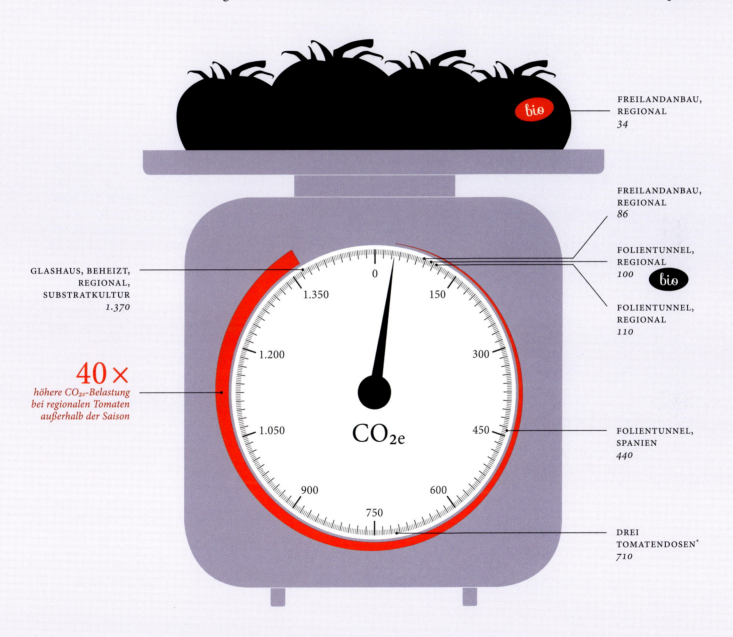

Abb. 5: Glashaus

Man achte beim Kauf von Nahrungsmitteln auf die Herkunft und verzichte bewusst auf Lebensmittel, die per Flugzeug importiert wurden!

KLIMASCHUTZTIPP #4

Importware

WEIT GEREISTE KLIMASÜNDEN

Per Flugzeug importierte Lebensmittel haben in klimafreundlichen Gerichten nichts verloren

Erdbeeren im Winter, Spargel im Herbst oder Trauben im Frühling: Die aktuelle Saison lässt sich anhand des Supermarktsortiments nicht erahnen – hier ist immer Sommer.

Ganzjährig um die halbe Welt
Weil wir Konsumenten saisonunabhängig nach Obst und Gemüse sowie exotischen Lebensmitteln verlangen, sind wir selbst dafür verantwortlich, dass Produkte oft unglaubliche Strecken zurücklegen müssen, damit wir sie im Supermarkt kaufen können. Stehen Erzeugnisse aus regionalem Anbau klimabedingt nicht zur Verfügung, wird diese Ware mithilfe geschlossener Kühlketten je nach Produkt und Anbaugebiet per Lkw, Schiff oder Flugzeug importiert.

Klimaschädliche Flugtransporte
Der Kauf von exotischen Früchten oder Sommergemüse im Winter ist Luxus zulasten unserer Umwelt. Die tatsächliche Belastung durch Lebensmitteltransporte hängt von der Distanz, dem Transportmittel sowie dessen Auslastung ab.[94] Produkte, die mit dem Flugzeug transportiert werden, sind besonders klimaschädigend.[95] Im Winter fallen so durch den Flugzeugtransport für 1 Kilogramm südafrikanische Erdbeeren 11,7 Kilogramm CO_{2e} an.[96] Das sind die 190-fachen Emissionen[97] von heimischen Beeren in deren Saison.

Regional statt global
Transporte mit Schiffen sind, auf den Kilometer bezogen, umweltverträglicher als jene mit dem Lkw.[98] Aufgrund der meist deutlich größeren Transportdistanzen fallen diese aber oft stärker ins Gewicht als Lastwagentransporte.[99] So schlägt 1 Kilogramm neuseeländische Äpfel, das den Großteil der Strecke übers Meer zurücklegt, mit 513 Gramm CO_{2e} zu Buche.[100] Italienische Äpfel hingegen, die per Lkw zu uns verfrachtet werden, sind mit 219 Gramm CO_{2e}[101] nur halb so klimaschädigend.[102] Wer auf die Herkunft achtet, der kann mit regionalen statt importierten Äpfeln aus Übersee pro Kilogramm umgerechnet 437 Gramm[103] klimaschädigende Treibhausgase einsparen.

Flugware meiden
Im Gegensatz zum Herkunftsort ist das Transportmittel von Produkten für Konsumenten nicht ersichtlich. Generell gelangen frisches Fleisch, leicht verderblicher, frischer Fisch sowie saisonales oder tropisches Obst und Gemüse von außerhalb Europas per Flugzeug zu uns.[104] Folgende Nahrungsmittel zählen zur Luftfrachtware und sollten deshalb gemieden werden: Lamm- und Rindfleisch aus Australien und Neuseeland, Lachs aus Norwegen, Island und Chile, Fisolen aus Afrika, Spargel aus Peru und Mexiko, Trauben aus Südafrika und Chile, Melonen aus Ghana und Pakistan, Avocados, Kiwis, Mangos, Ananas etc.[105]

Man kaufe Spargel nur von April bis Juni!

Durch den Verzicht auf 5 Kilogramm chilenischen Spargel lassen sich beachtliche 85 Kilogramm[106] umweltschädlicher Treibhausgase einsparen. Im Vergleich zu regional angebautem Spargel fallen beim importierten, durch den Flugtransport bedingt, die 280-fachen[107] Emissionen an.

Wenn außerhalb der Saison nicht darauf verzichtet werden kann, anstelle von eingeflogenem Gemüse lieber tiefgekühltes kaufen!

Im Vergleich zu regionalen Produkten verursacht Importware aus Übersee ein Vielfaches an Emissionen.

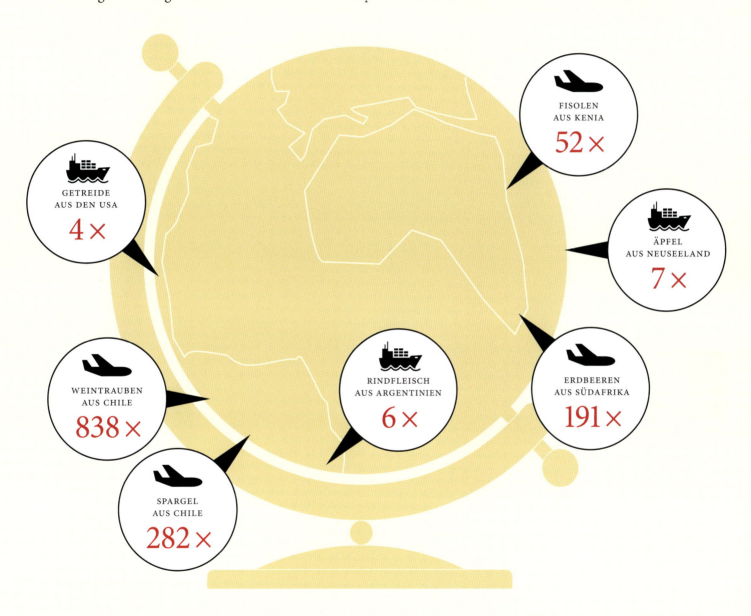

Bezogen auf regionale Produktion.
(Quellen siehe Fußnoten 108–111)

Abb. 6: Importware

Man kaufe hauptsächlich frische Lebensmittel und meide stark verarbeitete Produkte wie Fertiggerichte, Tiefkühlgemüse und Konserven!

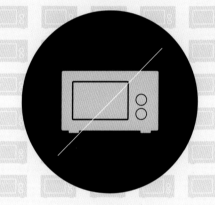

KLIMASCHUTZTIPP #5

Convenience-Food

WENN'S ZWISCHENDURCH SCHNELL GEHEN SOLL

Mit Fertigpizza und Tiefkühlpommes versündigt man sich doppelt – am eigenen Körper und an der Natur

Instantkaffee zum Frühstück, mittags Fischstäbchen mit Fertigkartoffelpüree und abends eine Tiefkühlpizza auf dem Teller: in Anbetracht heutiger Ernährungsgewohnheiten nichts Außergewöhnliches. Zum Leidwesen der Umwelt.

Revolution in der Küche
Geschichtlich betrachtet sind Fertigprodukte keine Erfindung unserer Zeit. Den Grundgedanken, durch mehr Komfort den Kochalltag angenehmer zu gestalten, gibt es schon viel länger. Auch das Schweizer Unternehmen Maggi verfolgte dieses Ziel und brachte bereits im Jahr 1886 erfolgreich die erste kochfertige Suppe auf Basis von Leguminosenmehl auf den Markt.[112]

Convenience-Food
Der englische Begriff „Convenience" bedeutet übersetzt „Bequemlichkeit".[113] Als Convenience-Food werden sowohl vorverarbeitete Lebensmittel als auch komplette Fertigmahlzeiten – unter anderem küchenfertiges Tiefkühlgemüse, Gemüsekonserven, Instantsuppen, Fruchtjoghurts sowie Mikrowellenfertiggerichte – bezeichnet.[114] Durch das breite Angebot von teil- und verzehrfertigen Lebensmitteln wird dem Konsumenten Arbeit abgenommen. Die Zubereitung von Mahlzeiten wird vereinfacht – bei Fertiggerichten wird sie sogar rein aufs Aufwärmen reduziert.[115]

Schnelllebige Gesellschaft
Zeitersparnis gilt als eindeutiger Vorzug von Convenience-Produkten und wird meistens als das Hauptkaufargument genannt.[116] Fest steht, dass die Klimabelastung durch stark verarbeitete Erzeugnisse wesentlich höher ist als durch den Anbau und den Transport frischer Nahrungsmittel.[117] Ausschlaggebend für die Mehrfachbelastung sind energieintensive Herstellungsverfahren.[118] Allgemein gilt: je mehr Verarbeitungsschritte und Zutaten, desto schlechter die Ökobilanz von Produkten.[119] Neben den Umweltaspekten sprechen auch ein geringerer Vitamin- und Mineralstoffanteil sowie ein erhöhter Salz-, Zucker- und Fettgehalt gegen einen häufigen Verzehr von Convenience-Food.[120] Wenn man sich und seiner Umwelt etwas Gutes tun will, sollte man sich zum Großteil von frischen, gering verarbeiteten Lebensmitteln ernähren. Ebenso sind wenig verarbeitete Vollkornprodukte gesünder und besser für das Klima.

Tiefkühl- vor Dosengemüse
Keine Frage: Tiefkühlware ist beliebt, verursacht aber bei der Herstellung, der Aufrechterhaltung der Kühlkette sowie der Lagerung viele Emissionen.[121] Bei einer Gegenüberstellung von Tiefkühl- und Dosengemüse schneidet die Konserve aufgrund des umweltschädlichen Weißblechs aber noch ungünstiger ab.[122] Die kürzeren Kochzeiten wirken sich kaum positiv auf die Ökobilanz aus.[123]

Außerhalb der regionalen Haupterntezeit von Gemüse sollte Tiefkühlgemüse Konserven und importiertem Gemüse vorgezogen werden!

Man verzichte fürs Klima auf Tiefkühlgemüse!

Der Konsum von Tiefkühlgemüse ist mit hohen Treibhausgasemissionen verbunden. Wer Tiefkühlfisolen durch dieselbe Menge frischer Ware aus der Region ersetzt, der spart mit jedem Kilogramm gekochtem Gemüse 493 Gramm CO_{2e}.[124]

Die starke Verarbeitung von Nahrungsmitteln wirkt sich negativ auf deren Klimabilanz aus.

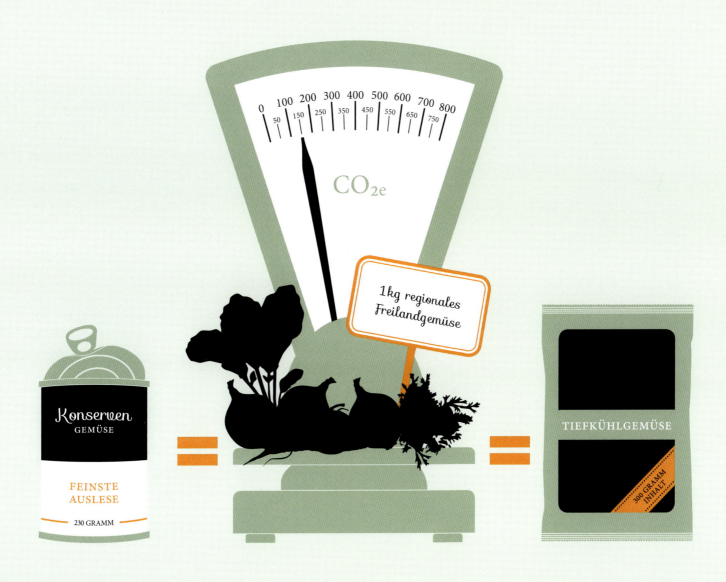

CO₂-Äquivalente in Gramm pro Kilogramm.
(Quelle siehe Fußnote 125)

Abb. 7: Convenience-Food

Man verwende Milchprodukte mit schlechter Ökobilanz bewusst sparsam! Dazu zählen vor allem Butter, Schlagobers und sehr fetter Käse.

KLIMASCHUTZTIPP #6

Milchprodukte

BELIEBTE UMWELTSÜNDEN

Wie man durch einen verminderten Konsum von Milchprodukten einen großen Umweltbeitrag leistet

Ein wesentlicher Bestandteil einer nachhaltigen, klimabewussten Ernährung ist die Reduktion des Konsums tierischer Produkte.[126] Und damit ist nicht nur der Verzehr von Fleisch- und Wurstwaren gemeint! Milchprodukte und Eier sind davon gleichermaßen betroffen. Denn aus Umweltsicht ist es nicht sinnvoll, den Fleischverzehr einzuschränken, wenn diese Einschränkung einen gesteigerten Konsum von ebenfalls emissionsstarken Milchprodukten und Eiern bedingt. Wenn man beim Frühstück das Brot statt mit Schinken mit einer Scheibe Bergkäse belegt, hat man definitiv nicht im Sinne der Umwelt gehandelt.

Vielfache Treibhausgase

Vergleicht man tierische mit pflanzlichen Produkten, geht daraus klar hervor, dass Erstere eine um ein Vielfaches höhere Ökobilanz aufweisen. So sind die Klimaauswirkungen von Rindfleisch in etwa 89 Mal[127] und die von Milch rund acht Mal[128] höher als von Gemüse. Allerdings übertreffen die Treibhausgase der aus Milch hergestellten, stark konzentrierten Produkte die des Roherzeugnisses bei Weitem. So ist die Belastung durch Käse etwa 57 Mal[129], die von Sahne 72 Mal[130] und die von Butter sogar 164 Mal[131] klimaschädigender als die durch Gemüse.

20 Liter Milch – 1 Kilogramm Butter[132]

Im Allgemeinen gilt: je höher der Fettgehalt von Milchprodukten, desto höher die Treibhausgasemissionen.[133] Der Zusammenhang zwischen Fettgehalt und Emissionen wird klar, wenn man die für die Milchprodukte erforderlichen Milchmengen betrachtet. Diese variieren je nach Produkt und haben Einfluss auf die Ökobilanz. Bei der Herstellung von 1 Kilogramm Frischkäse werden 4 bis 5, bei Hartkäse vergleichsweise 13 bis 14 Liter Milch verarbeitet.[135]

Entscheidende Mengen

Joghurt, Milch, Topfen und Eier verursachen aufs Kilogramm bezogen zwar weniger Emissionen als Fleisch. Jedoch liegt der Pro-Kopf-Verbrauch bei knapp 77 Kilogramm Konsummilch*, 18,9 Kilogramm Käse sowie rund 5 Kilogramm Butter jährlich.[136] Angesichts dieser Mengen sind die daraus resultierenden Belastungen keineswegs zu vernachlässigen. Diese liegen knapp hinter der durch Fleisch und Fisch verursachten Umweltschädigung an zweiter Stelle.[137] Gesamtheitlich gesehen ist der Verzehr tierischer Produkte sogar für 44 % der ernährungsbedingten Belastungen verantwortlich.[138]

Bewusste Reduktion

Diese Fakten verdeutlichen die Notwendigkeit, unseren Konsum der tierischen zugunsten von pflanzlichen Lebensmitteln zu reduzieren. Zwischen Frühstück und Abendessen bieten sich einige Möglichkeiten, durch kleine Änderungen persönlicher Gewohnheiten viel Gutes zu tun.

Man verwende Butter möglichst sparsam!

Ein übermäßiger Verzehr von Butter ist nicht nur ungesund, sondern schadet auch unserer Umwelt. Man achte deshalb auf den Verbrauch und reduziere diesen bewusst! So lassen sich pro Jahr rund 128 Kilogramm CO₂e[139] einsparen.**

Man konsumiere vorzugsweise Frischkäse, denn dieser ist deutlich besser für Umwelt und Klima als Hartkäse mit hohem Fettgehalt![134]

* Trinkmilcherzeugnisse inklusive Joghurt und Sauermilch.
** CO₂e-Ersparnis bei Halbierung des jährlichen Pro-Kopf-Verbrauchs auf 2,6 Kilo Butter.

Im Vergleich zu Obst und Gemüse weisen Milchprodukte und Eier weit schlechtere CO$_{2e}$-Bilanzen auf.

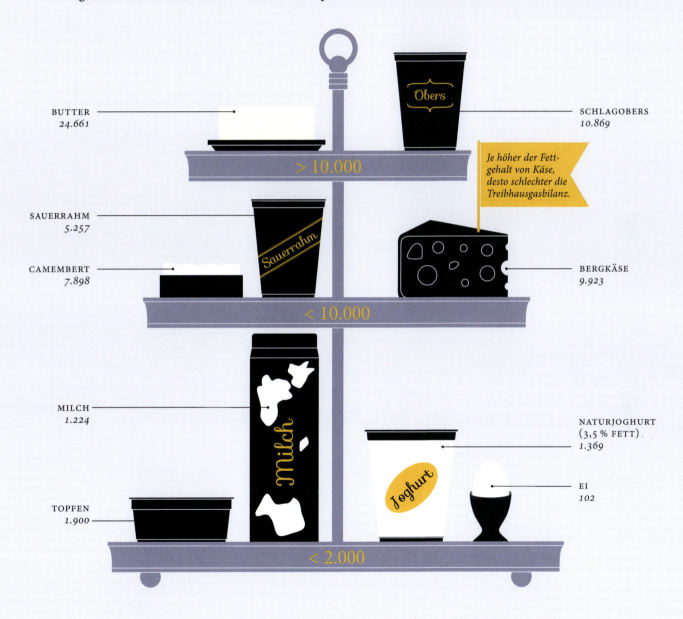

CO$_2$-Äquivalente in Gramm pro Kilogramm beziehungsweise in Gramm pro Liter Milch und pro Ei.
(Quellen siehe Fußnoten 140–142)

Abb. 8: Milchprodukte

Man versuche, Fisch und Meeresfrüchte eher selten zu genießen, und achte darauf, dass der Fisch aus heimischer Biozucht stammt!

KLIMASCHUTZTIPP #7

Beifang

LEERE MEERE – VOLLE SUSHILÄDEN
Regelmäßiger Fischgenuss und Nachhaltigkeit – lässt sich das grundsätzlich vereinbaren?

Nichtselektive Fangmethoden produzieren Massen an Beifang. Diese Verschwendung macht nachhaltige Fischerei unmöglich.

Experten empfehlen für eine ausgewogene Ernährung ein bis zwei Fischmahlzeiten pro Woche, da Fisch neben hochwertigen Proteinen auch wertvolle Spurenelemente und Omega-3-Fettsäuren liefert.[143] Angesichts der dezimierten Fischbestände und umstrittenen Aquakulturen erscheint so regelmäßiger Konsum aus ökologischer Sicht fragwürdig. Die Welternährungsorganisation FAO* geht davon aus, dass über die Hälfte der weltweiten Fischbestände gänzlich ausgebeutet ist und knapp 30 % der Meere überfischt sind.[144]

Verheerende Auswirkungen
Umweltfolgen industriellen Fischfangs sind nicht von der Hand zu weisen. Tonnenweise Beifang, der direkt über Bord geworfen wird, damit er nicht in den Fangquoten erscheint, sowie Überfischung bedrohen die Meere. Außerdem vernichten zerstörerische Fangmethoden (zum Beispiel Grundschleppnetze) ganze Ökosysteme wie Korallenriffe.[145] Aber welchen Fisch kann man dann noch ohne schlechtes Gewissen genießen?

Empfehlenswert oder nicht**
Pauschale Aussagen zur richtigen Fischwahl sind schwer zu treffen. Oft sind nur einzelne Bestände bedroht. Zudem muss die Nachhaltigkeit der Fangmethode berücksichtigt werden.[146] Allerdings stuft der Greenpeace-Fischratgeber ausschließlich Karpfen als „noch empfehlenswert" ein. Unter anderem sollte man Alaska-Seelachs, Aal, Hoki, Rotbarsch und Makrele gänzlich meiden.[147] Bei beliebten Fischarten wie Lachs, Thunfisch oder Kabeljau sind die Bestände stark überfischt. Wenn überhaupt, dann sollte man diese nur aus bestimmten Fanggebieten konsumieren.[148]

Wild oder gezüchtet
Boomende Aquakulturen können die ökologischen Probleme des Wildfangs nicht lösen. So führen etwa immenser Antibiotikaeinsatz und das Roden von Mangrovenwäldern für die Shrimpszucht durchaus zu schwerwiegenden Umweltbelastungen.[149] Unwissend wird durch den Kauf von Zuchtfisch ebenfalls die Überfischung der Meere angekurbelt: Jährlich werden rund 20 Millionen Tonnen Fisch nicht für den Verzehr gefangen, sondern direkt oder als Fischmehl und -öl weiterverarbeitet in Aquakulturen verfüttert.[150] Erschreckend ist, dass pro Kilogramm Zuchtlachs 5 Kilogramm Wildfisch als Futter benötigt werden.[151]

Frisch oder tiefgekühlt
Gern lässt man sich von frischem Meeresfisch verführen, der im Vergleich zu kartonverpackten Tiefkühlfischfilets eher nachhaltigen Fischfang suggeriert. Trügerisch, denn in puncto CO_{2e}-Bilanz schneidet Tiefkühlware, die in großen Mengen verschifft wird, besser ab. Frischer Fisch wird meist klimaschädigend per Flugzeug transportiert.[152]

Man kaufe Fisch in Maßen und mit Biosiegel!

Der Umwelt zuliebe sollte man maximal einmal pro Monat Fisch essen.[153] Man beachte, dass nur Zuchtfisch aus Bioaquakulturen die Meere entlastet. Denn nur dort wird ausschließlich Fischmehl verfüttert, das aus Resten der Speisefischproduktion hergestellt wird.[154]

44

* Food and Agriculture Organization of the United Nations.
** Detaillierte Einkaufsratgeber für Fisch und Meeresfrüchte können gratis auf www.greenpeace.at oder www.wwf.at heruntergeladen werden.

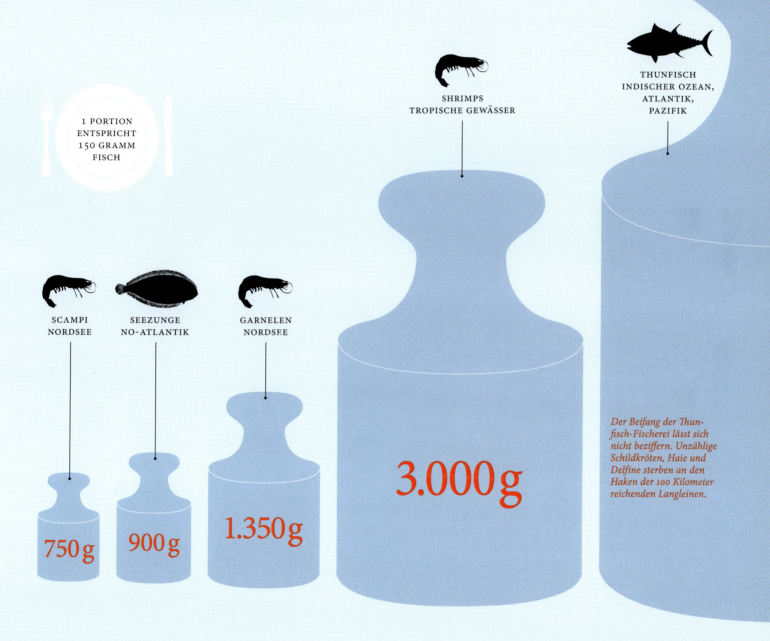

Abb. 9: Beifang

Man esse anstelle von Reis und Fertigkartoffelpüree besser Nudeln, Kartoffeln, Polenta oder Getreide wie Hirse und Dinkel!

KLIMASCHUTZTIPP #8

Beilagen

VEGETARIER, AUFGEPASST!

Wie durch die falsche Wahl der Beilage das Klima um ein Vielfaches belastet wird

Wer auf Fleisch verzichtet, leistet einen maßgeblichen Beitrag zum Klimaschutz. Allerdings ist nicht jedes fleischlose Gericht per se klimafreundlich – beispielsweise Risotto, das aufgrund der Hauptzutat Reis alles andere als umweltgerecht ist. Demnach können sich auch vegetarische Lebensmittel durch enorme Emissionen negativ auf die Umwelt auswirken. Speziell bei Beilagen zeigen sich in Bezug auf deren Ökobilanzen gravierende Unterschiede.

Pflanzliche Klimasünder
Weltweit betrachtet ist Reis das wichtigste Grundnahrungsmittel und für mehr als drei Milliarden Menschen Überlebensgrundlage.[156] Trotzdem sind die Umweltbelastungen, die mit dem globalen Reisanbau einhergehen, nicht zu vernachlässigen. Beim Vergleich der CO_2e-Bilanzen von Reis und Hühner- beziehungsweise Schweinefleisch schneidet das Getreide mit 6.400 Gramm[157] Treibhausgasen pro Kilogramm etwa doppelt so schlecht ab.[158] Somit hat Reis unter den Beilagen die weitaus schlechteste Ökobilanz. Verantwortlich für die für pflanzliche Lebensmittel ungewöhnlich hohe CO_2e-Belastung ist das Treibhausgas Methan, das beim Reisanbau in gefluteten Feldern durch die Aktivität von Mikroorganismen freigesetzt wird.[159] Methan ist 21 Mal[160] klimaschädigender als Kohlendioxid und hat neben diesem den größten Einfluss auf das globale Klima. Schätzungen zufolge sind sogar rund 15 % der globalen Methanemissionen auf den Nassreisanbau zurückzuführen.[161]

Reisersatz
Weil Reis das 38-Fache[162] an CO_2e-Emissionen von Kartoffeln verursacht, sollte nach Möglichkeit auf diesen verzichtet und stattdessen besser gekochten Kartoffeln oder Polenta als Beilage der Vorzug gegeben werden. Viele Reisgerichte, wie etwa Risotto, lassen sich statt mit Reis einfach mit Rollgerste zubereiten (siehe Rezept 2, Seite 92).

Beträchtliche Umweltbelastungen
Aufgrund energieaufwendiger Herstellung weisen neben Reis vor allem getrocknete Kartoffelprodukte wie Fertigpüree und tiefgekühlte Pommes frites erheblich schlechtere Klimabilanzen auf.[163] Im Vergleich zu Kartoffeln verursacht Fertigpüree die 22-fachen[164] und Pommes frites verursachen sogar mehr als die 34-fachen[165] Emissionen. Diese CO_2e-Mengen kann selbst ein geringerer Energiebedarf für die Zubereitung der Fertigprodukte nicht mehr wettmachen.

Spaghetti und Co.
Obwohl Nudeln ebenfalls industriell hergestellt werden, verursachen diese – verglichen mit anderem Convenience-Food – akzeptable 840 Gramm CO_2e pro Kilogramm.[166] Wer einen Klimaschutzbeitrag leisten will, der kann frische Pasta auch einfach selbst zubereiten (siehe Rezept 2, Seite 100).

Man schone Natur und Gesundheit bestmöglich!

So oft wie möglich auf gesundheits- und klimaschädigende Pommes frites zu verzichten und diese Klimasünder durch gekochte Salzkartoffeln zu ersetzen, spart bei jeder Mahlzeit circa 1,1* Kilogramm[167] schädliche Treibhausgase ein!

Wer Kartoffeln als Beilage langweilig findet, probiert alternativ am besten Topinambur. Die leicht nussigen Knollen können wie Kartoffeln zubereitet oder auch roh gegessen werden.

* Eine Portion entspricht 200 Gramm Kartoffeln oder Pommes frites.

Abb. 10: Beilagen

Man schütze das Klima und achte beim Kochen auf eine möglichst energieeffiziente Zubereitung – das spart nebenbei auch Zeit und Geld!

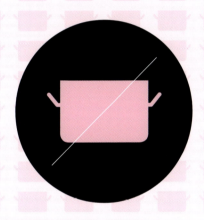

KLIMASCHUTZTIPP #9

Kochen

MEHR ZEITERSPARNIS, GERINGERE STROMKOSTEN

Beim Kochen wird unnötig viel Energie verheizt

Tatsächlich benötigen wir im Haushalt zum Kochen mehr Energie als für Wäschewaschen und Beleuchtung zusammen.[171] Nachdem die Kochmethode den Stromverbrauch direkt beeinflusst,[172] bietet die Zubereitung von Speisen viel Potenzial, um ohne großen Aufwand effektiv Energie zu sparen. Darüber hinaus ist ein bewusstes Kochverhalten nicht nur ein aktiver Klimaschutzbeitrag, sondern wirkt sich auch positiv auf die Stromrechnung aus.

Deckel drauf!
Selbst einfachste Maßnahmen reduzieren den Stromverbrauch deutlich. So lassen sich durch die Verwendung eines passenden Deckels auf dem Kochtopf 39 % Energie sparen.[173] Außerdem ist es wichtig, bei der Wahl der Herdplatte die Topfgröße zu berücksichtigen, damit die Wärme optimal ausgenutzt werden kann. Kleine Töpfe auf zu großen Platten verschlingen unnötig viel Energie. Überragt der Durchmesser der Herdplatte den des Topfes um 5 Zentimeter, steigt der Energieverbrauch um 70 %.[174]

Energiesparprofis
Ein Wasserkocher sollte aufgrund seiner hervorragenden Energieeffizienz in keiner Küche fehlen. Er bringt Wasser nicht nur schneller zum Kochen, sondern verbraucht zudem 40 % weniger Strom, als beim Erhitzen derselben Wassermenge am Herd benötigt wird.[175] Auch die Anschaffung eines Dampfkochtopfs bringt Vorteile mit sich: Die Garzeit lässt sich deutlich verkürzen, wodurch auch hochwertige Inhaltsstoffe besser erhalten bleiben. Kartoffeln können so in etwa 13 Minuten zubereitet werden, wohingegen andere Kochmethoden fast doppelt so viel Zeit beanspruchen. Im Vergleich zur Zubereitung im Kochtopf mit Deckel spart der Dampfkochtopf rund 30 % Energie.[176]

Stromfresser
Der Backofen kann im Vergleich zum Dampfkochtopf bis zu fünf Mal[177] mehr Energie benötigen. 1 Kilogramm Potato Wedges aus dem Backofen verursacht etwa 887 Gramm[178] Treibhausgase, hingegen entstehen bei derselben Menge an gekochten Salzkartoffeln bloß 343 Gramm CO_{2e}[179]. Im Klartext bedeutet das: Ofenkartoffeln sind immer noch klimaschonender als ein in der Pfanne zubereitetes Steak, das von sich aus schon emissionsstark ist.

Clever backen
Am effizientesten kommt der Backofen mit Umluft zum Einsatz, da eine bessere Wärmeverteilung niedrigere Temperaturen benötigt. So erfordert die Zubereitung einer Pizza rund 15 % weniger Energie als konventionell mittels Ober- und Unterhitze.[180] Verzichtet man auf das Vorheizen, das nicht bei allen Gerichten zwingend ist, lassen sich weitere 5 bis 8 % Strom sparen.[181]

Beim Kochen und Backen Restwärme nutzen!

Wenn man die Herdplatte oder den Ofen schon 5 bis 10 Minuten vor dem Ende des Kochens und Backens ausschaltet, spart man Energie. Denn oft reicht die Restwärme aus, um damit die Speisen vollständig fertigzugaren.

Bei Bohnen, Linsen oder Kichererbsen lässt sich die Kochzeit deutlich verkürzen, indem man diese über Nacht in reichlich Wasser vorquellen lässt.

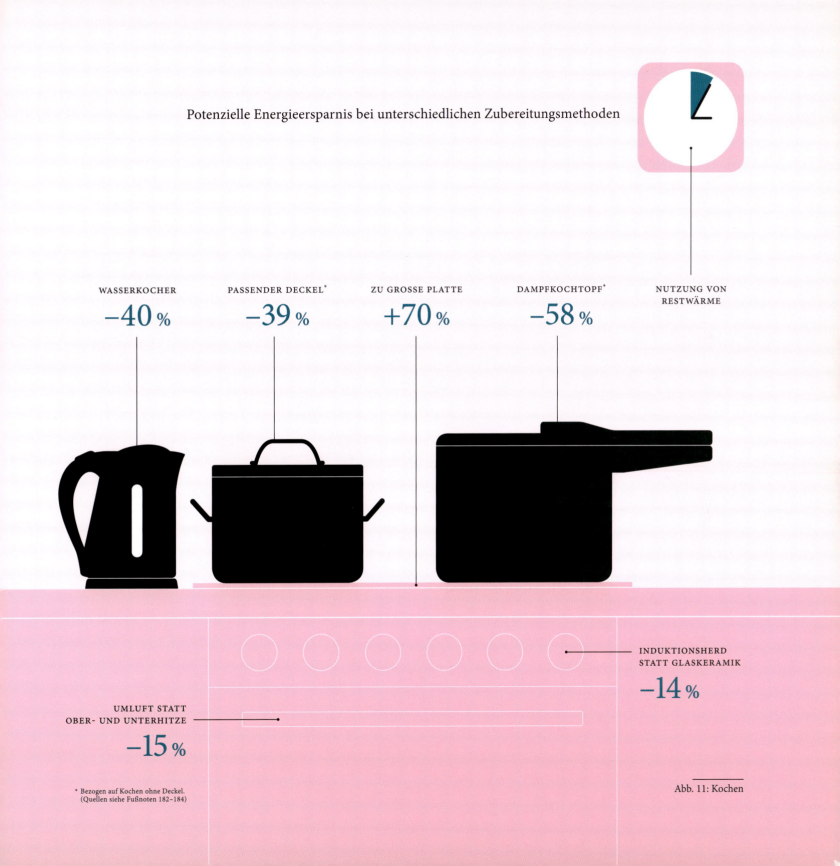

Abb. 11: Kochen

Man trinke aus Umwelt- und Gesundheitsgründen am besten Leitungswasser und gönne sich Saft, Bier und Wein nur in Maßen!

KLIMASCHUTZTIPP #10

Getränke

UNVERPACKTE KLIMAFREUNDE

Leitungswasser – unschlagbar günstig, gesund und umweltfreundlich

Wer hätte gedacht, dass neben Lebensmitteln auch Getränke maßgeblich an Umweltbelastungen beteiligt sind?[185] Insbesondere fallen Alkoholika, allen voran Spirituosen und Bier, mit relativ hohen Treibhausgasemissionen gehörig ins Gewicht.[186] Ein vermehrter Alkoholkonsum schadet demnach nicht nur der Gesundheit, sondern auch dem Klima.

Prost!
Angesichts der Trinkgewohnheiten von jährlich knapp 105 Litern Bier[187] und 30 Litern Wein[188] pro Person bietet die Reduktion alkoholischer Getränke ein erhebliches CO_{2e}-Einsparpotenzial. Durch jedes nicht konsumierte Bier lassen sich etwa 2 Kilogramm CO_{2e}[189] vermeiden, wobei darin die Ersparnis durch wegfallende Verpackung noch nicht berücksichtigt ist.

Regional statt global
In heimischen Supermarktregalen findet man zum Leidwesen des Klimas Weine aus der ganzen Welt. Ob aus Chile oder Australien: Die zurückgelegten Kilometer sind nicht nur enorm, sondern auch mit unnötigen Emissionen verbunden. Demnach sollte man regionale Getränke bevorzugen – denn auch bei uns gibt es Spitzenweine.

Gut verpackt
Generell sollte man dem Klima und der Gesundheit zuliebe vorwiegend Leitungswasser trinken und Alkoholika sowie Säfte nur in Maßen konsumieren. Wer nicht auf gekaufte Getränke verzichten kann, sollte zumindest beim Einkauf auf umweltfreundliche Verpackungen achten. Bei der Beurteilung von Dose, PET und Co. sind nicht nur stetig wachsende Müllberge durch Einwegverpackungen zu berücksichtigen, die negativen Umweltauswirkungen sind weit vielschichtiger und reichen von Rohstoff-, Wasser- und Energieverbrauch bei der Herstellung bis zu Schadstoffemissionen beim Transport und Energieaufwand bei der Abfallverwertung.[190]

Enormer Unterschied
Einwegglasflaschen und Aludosen zählen zu den größten Klimasündern. Die umweltbedenkliche Produktion von Aluminium sowie die energieaufwendige Herstellung sind dafür verantwortlich, dass Dosen drei Mal mehr CO_{2e} verursachen als Mehrwegflaschen.[191] Auch wenn Einwegglasflaschen recycelt werden, haben diese aufgrund ihrer ressourcenintensiven Produktion dennoch eine schlechtere CO_{2e}-Bilanz als Dosen.[192] Generell sollte man Getränke vorrangig in wiederbefüllbaren Verpackungen kaufen, wobei PET-Mehrwegflaschen trotz geringerer Befüllungen umweltschonender als Glasflaschen sind.[193] Außerdem wirkt sich auch das deutlich geringere Gewicht von PET positiv auf den Treibstoffverbrauch im Zuge des Transports aus.[194]

Man kaufe Bier in Mehrwegglasflaschen!

Wer ungern auf Bier verzichtet, sollte zumindest auf dessen ökologische Verpackung achten. Bereits durch den Kauf einer einzigen Kiste Flaschenbier statt derselben Menge Bierdosen lassen sich circa 4,6 Kilogramm CO_{2e} einsparen.[195]

Um Verpackungsmaterial zu sparen, sollten Getränke in möglichst großen Mehrweggebinden gekauft werden.

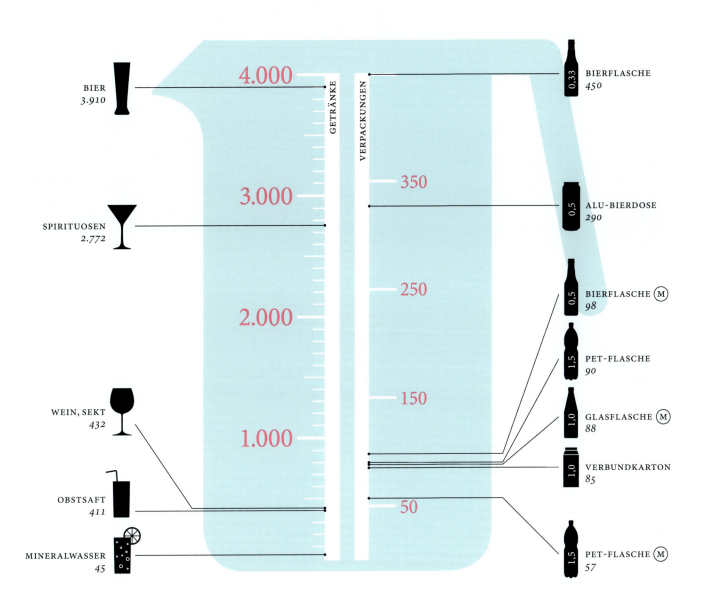

Abb. 12: Getränke

Man vermeide unnötige Lebensmittelabfälle und bevorzuge möglichst sparsam und umweltschonend verpackte Nahrungsmittel!

KLIMASCHUTZTIPP # 11

Abfall

ÜBERFLÜSSIGE LEBENSMITTELABFÄLLE

Wie mehr als 200 Euro pro Jahr und Kopf sinnlos zum Fenster hinausgeworfen werden

Rund 89 Millionen Tonnen Lebensmittel[200] werden in der Europäischen Union jedes Jahr weggeworfen, wobei fast die Hälfte auf private Haushalte zurückzuführen ist.[201] An beachtlichen 39 % der Abfälle[202] trägt die Lebensmittelindustrie selbst Schuld. Bereits bei der Herstellung werden tonnenweise Produkte, die nicht die strengen Qualitätsanforderungen erfüllen, vernichtet. Weitere 14 %[203] werden in der Gastronomie verursacht (zum Beispiel durch Fehlkalkulationen). Nur verhältnismäßig geringe 5 %[204] entstehen im Einzelhandel, wo Produkte aufgrund mangelnder Frische oder durch Sortimentswechsel regelmäßig aussortiert werden.

Kostbare Verschwendung
Im Schnitt verursacht jeder pro Jahr mehr als 80 Kilogramm Lebensmittelabfälle.[205] Natürlich ist eine gewisse Abfallmenge im Haushalt – wie nicht essbare Teile von Gemüse und Fleisch – legitim. Trotzdem ließe sich ein beachtlicher Teil nur durch einen bewussten Konsum und einen sensiblen Umgang mit Lebensmitteln vermeiden. Es sollte nicht sein, dass täglich angebrochene, aber auch originalverpackte Nahrungsmittel sowie Speisereste weggeworfen werden! Schätzungsweise gibt ein Vierpersonenhaushalt pro Jahr 935 Euro[206] unnötig für Lebensmittel aus, die im Müll landen. Ist dieser Fakt nicht schon genug Anreiz dafür, seine Einkaufs- und Wegwerfgewohnheiten zu überdenken?

Maßlose Verlockung
Zugegeben: Das üppige Angebot in den Supermärkten ist verführerisch. Großpackungen zu Schnäppchenpreisen und „Nimm drei, zahl zwei"-Angebote animieren zum Kauf von Massen, die gar nicht wirklich benötigt werden. So landet häufig weit mehr im Einkaufswagen, als jemals rechtzeitig verzehrt werden könnte. Infolgedessen wandern viele, teils noch verschlossene Lebensmittel mit dem Tag des Ablaufdatums vom Kühlschrank direkt in den Müll. Um sinnlosen Abfall zu vermeiden, gilt es, den Überblick zu bewahren und im Supermarkt standhaft zu bleiben.

Schlechte Resteverwertung
Beim Kochen ist es nicht immer einfach, die exakte Menge abzuschätzen. Oft bleibt nicht nur der obligate Tellerrest, sondern auch die eine oder andere Portion im Kochtopf übrig. Zu häufig landen die Reste im Abfalleimer, statt als Zutat in einem neuen Gericht Verwendung zu finden. Dabei können aus den meisten Überbleibseln am nächsten Tag schmackhafte Gerichte zubereitet werden. Aus übrig gebliebenen Kartoffeln lässt sich etwa eine spanische Tortilla zaubern. Ebenso können alte Semmeln zu köstlichen Serviettenknödeln verarbeitet werden. Der Fantasie sind hier keine Grenzen gesetzt! Wichtig ist dabei, dass verderbliche Speisereste bis zur weiteren Verarbeitung gekühlt und innerhalb von ein bis zwei Tagen verbraucht werden.

Im Geschäft mit dem Müllvermeiden beginnen!

Auf unnötiges Verpackungsmaterial wie Kunststoffschalen oder Plastiksäcke verzichten und vorwiegend loses Obst und Gemüse kaufen! Für den umweltfreundlichen Heimtransport der Einkäufe eignen sich Korb oder Tasche perfekt.

Übertriebene Vorsicht beim Mindesthaltbarkeitsdatum ist nicht angebracht! Bei keinerlei Auffälligkeiten kann man das Produkt bedenkenlos auch nach Ablauf der Frist verzehren.

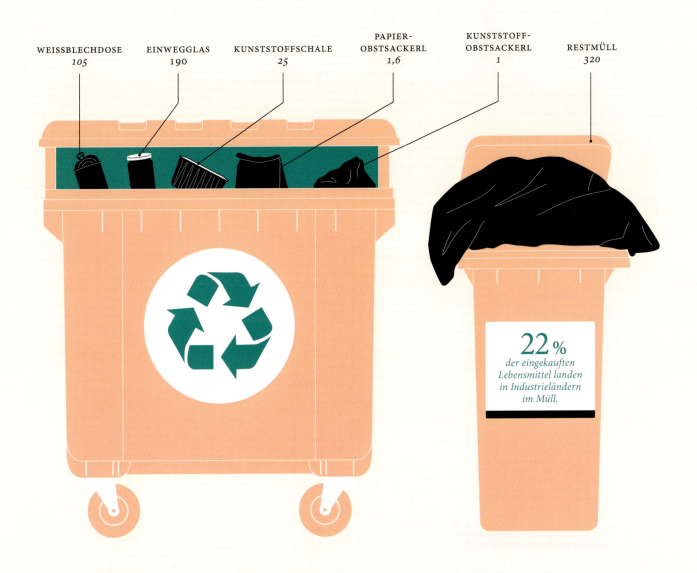

Abb. 13: Abfall

Man vermeide Einkaufsfahrten mit dem Auto und erledige so oft wie möglich Einkäufe zu Fuß oder mit dem Fahrrad!

KLIMASCHUTZTIPP #12

Mobilität

GELD UND TREIBHAUSGASE SPAREN

Weshalb man besser zu Fuß Importgemüse als mit dem Auto Bioobst einkaufen sollte

Wer mit seinem Auto kilometerweit zum Bioladen unterwegs ist, um dort Obst und Gemüse aus ökologischem Anbau zu erwerben, hat aus Umweltsicht schon verloren. Fährt man mit dem Auto eine Strecke von 10 Kilometern, werden dabei so viele Treibhausgase verursacht wie beim Anbau von rund 17 Kilogramm frischem Gemüse.[211] Diese Zahlen machen die negativen Auswirkungen von überflüssigen Einkaufsfahrten deutlich.

Faulheit siegt
Etwa 18 % der Treibhausgasemissionen werden durch private Mobilität verursacht, vor allem durch den motorisierten Individualverkehr mit dem Auto.[212] Dabei sind viele Wege, die mit dem Auto zurückgelegt werden, so kurz, dass es den Anschein macht, reine Bequemlichkeit verhindere das Stehenlassen des Autos. Ließe sich der innere Schweinehund leichter bezwingen, könnte dadurch die Umwelt weit besser entlastet werden.

Schlechte Gewohnheiten
Wenn man Argumente wie Stress, Kindertransport oder Ähnliches nicht gelten lässt, sind viele Distanzen, die mit dem Auto zurückgelegt werden, definitiv überflüssig. Konkret ist jede elfte Autofahrt kürzer als 5 Kilometer und fast die Hälfte aller Fahrten sogar kürzer als 1 Kilometer.[214] Zweifelsfrei kann man Wege unter 1 Kilometer leicht zu Fuß und Strecken unter 5 Kilometern ohne größere Anstrengungen mit dem Rad bezwingen. Zudem gibt es – zumindest in den Städten – ein recht gutes Angebot an öffentlichen Verkehrsmitteln, das ebenfalls eine klimaschonende Alternative zum Einkaufenfahren mit dem Auto darstellt.

Die realen Treibhausgasemissionen von Autos sind um etwa 40 bis 60 Prozent höher als die bei Neuwagen angegebenen CO$_2$-Emissionen pro Kilometer.[213]

Umsteigen lohnt sich
Durch den Verzicht auf das Auto und die Nutzung umweltfreundlicher Transportmittel lassen sich nicht nur Treibhausgase vermeiden, sondern auch Kontostand und Nerven schonen. Radfahrer verschaffen sich außerdem durch die körperliche Ertüchtigung einen weiteren Vorteil.

Sinnvolle Großeinkäufe
Es gibt durchaus Umstände, die einen Einkauf mit dem Auto unumgänglich machen – speziell, wenn sich der Wohnsitz auf dem Land befindet oder eine größere Familie zu versorgen ist. Grundsätzlich ist es in solchen Situationen sinnvoll, die Besorgungen zu planen und zu Großeinkäufen zusammenzulegen. So lassen sich durch das Kombinieren von Einkäufen mit anderen sowieso erforderlichen Fahrten zumindest Autokilometer sparen.

Besser geht's kaum
Wer autolos zum Supermarkt gelangt und regionale Saisonware aus ökologischem Anbau ersteht, handelt vorbildlich und leistet seinen Klimaschutzbeitrag.

Man tausche regelmäßig Auto gegen Fahrrad!

Ein Einkauf mit dem Fahrrad vermeidet mit jedem Kilometer 240 Gramm CO$_{2e}$.[215] Wer jede Woche 50 Kilometer mit dem Fahrrad zurücklegt, der schont so seine jährliche Ökobilanz um gesparte 624 Kilogramm an Treibhausgasen.[216]

Die Nutzung alternativer Transportmittel bietet ein beachtliches Einsparpotenzial an Treibhausgasen.

MITTELKLASSE-PKW
2.612

STRECKE: 10 KILOMETER

−56 %
MOTORRAD
1.160

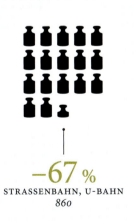

−67 %
STRASSENBAHN, U-BAHN
860

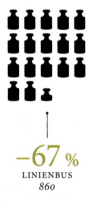

−67 %
LINIENBUS
860

−92 %
FAHRRAD
210

CO₂-Äquivalente pro 10 Personenkilometern (= Maßeinheit für transportierte Personen und zurückgelegte Entfernung). Kilometerbezogene Einsparung gegenüber dem Pkw. (Quellen siehe Fußnoten 217–218)

Abb. 14: Mobilität

CONCLUSIO – REZEPTE FÜR DIE ZUKUNFT

Wie man genussvoll einen Klimaschutzbeitrag leistet

Der nachfolgende Rezeptteil bietet eine Auswahl saisonaler Gerichte, die die zuvor erarbeiteten Grundsätze eines umweltbewussten Ernährungs- und Lebensstils berücksichtigen. Die vielfältigen Vorschläge für das ganze Jahr zeigen, dass die Umsetzung von kulinarischem Klimaschutz durchaus ohne großen Aufwand möglich ist und dass Genuss dabei keineswegs zu kurz kommen muss.

bewussten Ernährungsweise ist. Keine Sorge: Das eine oder andere Fleisch- und Fischgericht ist trotzdem zu finden.

Der Rezeptteil ist in zwölf Monate gegliedert. Diese Aufteilung verdeutlicht die Wichtigkeit der Wahl eines saisonalen Gemüse- und Obstangebots sowohl bei der Auswahl von Speisen als auch beim Einkaufen. Je nach Jahreszeit

Zu den idealen Zutaten einer klimabewussten Küche zählen vor allem frisches, saisonales Obst und Gemüse aus der Region, Vollkorngetreide und Biolebensmittel. Die ausgewählten Rezepte kommen ohne die Verwendung von Tiefkühllebensmitteln und weitgehend ohne Fertigprodukte und exotische Zutaten aus. Der Schwerpunkt des Kochbuchs liegt auf vegetarischen Speisen, da ein reduzierter Fleischkonsum wesentlicher Bestandteil einer umwelt-

stehen unterschiedliche, regional erhältliche Obst- und Gemüsesorten im Mittelpunkt. Abgesehen von traditionellen Gerichten wie etwa *Marillen-Knödel* oder *Waldorfsalat* werden auch ausgefallenere Rezeptideen wie ein *Rote-Rüben-Gerstenrisotto* oder eine *Melanzani-Tofu-Pfanne* vorgestellt. Die Kochvorschläge sollen als Anregung dienen und zum eigenständigen Experimentieren animieren – bei sämtlichen Kochkreationen gutes Gelingen!

Rezepte

GUT INFORMIERT

Nützliche Hinweise zur Verwendung der Rezepte

Im Sinne der Übersichtlichkeit und zur Entscheidungshilfe sind alle Kochrezepte nach mehreren Kriterien bewertet und entsprechend gekennzeichnet.

Portionsgrößen

Es ist relativ schwierig, exakte Angaben zu machen, für wie viele Personen ein Rezept berechnet ist. Es gibt nicht nur starke und schwache Esser, auch der Umstand spielt eine Rolle, ob ein Gericht allein serviert wird oder ob noch weitere Speisen wie ein Salat oder eine Suppe gereicht werden. Die Telleranzahl in den Rezepten gibt darüber Auskunft, für wie viele Personen das Gericht etwa ausreicht. „2–4 TELLER" besagt, dass davon bei einer Hauptmahlzeit zwei Personen mit mittlerem bis großem Hunger satt werden. Wird das Gericht als Vorspeise serviert oder handelt es sich um eher „kleine Esser", reichen die Angaben für vier Personen.

Einfach bis aufwendig

Meistens soll es beim Kochen schnell gehen. An anderen Tagen möchte man jedoch die Zubereitung zelebrieren und nimmt sich gern Zeit, ein ausgefalleneres, aufwendiges Gericht auszuprobieren. Wichtig ist, dass der erforderliche Aufwand einschätzbar ist, sodass man diesen schon bei der Rezeptauswahl berücksichtigen kann. Die Haubensymbole bewerten die Schwierigkeit der Zubereitung der Gerichte und informieren über den benötigten Zeitaufwand:

♔   Eine Haube bedeutet, dass sich eine Speise einfach und schnell zubereiten lässt.

♔♔   Zwei Hauben kennzeichnen Rezepte, für die etwas mehr Zeit erforderlich ist.

♔♔♔   Drei Hauben weisen auf besondere Kochanleitungen hin, die mehr Zeit und Geschick erfordern.

Kulinarischer Klimaschutz

Unter Berücksichtigung der Klimabilanz der verwendeten Zutaten und der Energieeffizienz der Zubereitungsmethode bewerten die Blattsymbole die Klimafreundlichkeit der unterschiedlichen Gerichte:

◊   Ein Blatt bedeutet, dass man mit dem Gericht einen kleinen Klimaschutzbeitrag leistet.

◊◊   Zwei Blätter weisen auf umweltfreundliche Zutaten und eine energieeffiziente Zubereitung hin.

◊◊◊   Drei Blätter kennzeichnen besonders klimafreundliche Rezepte.

Spezielle Bedürfnisse
Folgende Icons geben Auskunft über spezielle Zutaten, die im Rezept verwendet werden:

- Die Karotte weist auf fleischlose Gerichte hin, die für Ovo-Lacto-Vegetarier geeignet sind.
- Rezepte, die mit einem Hühnersymbol versehen sind, beinhalten Hühnerfleisch als Zutat.
- Das Schweinesymbol kennzeichnet Rezepte mit Schweinefleisch.
- Gerichte, die mit dem Schafsymbol gekennzeichnet sind, beinhalten Lammfleisch.
- Mit dem Fischsymbol markierte Rezeptvorschläge weisen Fisch als Zutat auf.

Resteverwertung
Müllvermeidung ist ein wesentlicher Teil eines umweltbewussten Ernährungsstils. Spezielle Gerichte bieten die Möglichkeit, vom Vortag Übriggebliebenes kreativ und wohlschmeckend zu verwerten.

 Dieses Symbol kennzeichnet besondere Rezepte, die aus übrig gebliebenen Speiseresten neue, köstliche Gerichte zaubern.

Rezeptangaben
Vorzugsweise sollte man bei den Zutaten auf Produkte aus biologischer Erzeugung achten, denn diese gehen mit geringeren Umweltbelastungen einher (siehe ab Seite 23). Die in den Rezepten verwendete Flüssigkeitsmenge kann nicht ganz exakt angegeben werden, da diese oft auch stark von der Größe der verwendeten Eier und der gewählten Mehlart abhängt. Die in den Rezepten angegebene Eiergröße bezieht sich auf mittelgroße Eier, die im Schnitt zwischen 53 und 63 Gramm wiegen. Da grundsätzlich jeder Verarbeitungsschritt mit einem vermehrten Energieaufwand und somit mit höheren Treibhausgasemissionen (siehe ab Seite 35) verbunden ist, wird in vielen Rezepten aus Klimaschutzgründen weniger stark verarbeitetes Vollkornmehl verwendet. Allerdings lassen sich alle Vollkornspeisen auch mit weißem Mehl zubereiten.

Maßeinheiten und Abkürzungen
In den Rezeptvorschlägen werden folgende gängige Abkürzungen für Maßeinheiten verwendet:

- l Liter
- cl Zentiliter
- ml Milliliter
- kg Kilogramm
- g Gramm
- EL gestrichener Esslöffel bzw. 15 ml
- TL gestrichener Teelöffel bzw. 5 ml
- Msp. Messerspitze

AUF EINEN BLICK

Rezeptübersicht

Einfach unkompliziert: Suppen und Eintöpfe

80 Orientalischer Hühnereintopf mit *Porree* und Couscous
80 Bauerneintopf mit *Karotten* und weißen Bohnen
116 Erfrischende *Gurken*-Suppe
128 Eintopf mit grünen *Fisolen*
134 Cremige *Knollensellerie*-Suppe
142 Lammeintopf mit *Quitte*
146 *Topinambur*-Suppe
148 *Maroni*-Suppe

Für wenig Hunger: Salate, Snacks und Vorspeisen

82 Crostini mit Kichererbsen-*Walnuss*-Dip
86 *Kartoffel*-Tortilla
88 Wintersalat mit Linsen und *Birne*
110 Lauwarmer Couscous-Salat mit *Tomaten* und Feta
112 Indische Hühnerspieße auf Blattsalat mit *Erdbeeren*
116 Mediterraner Dinkelsalat mit *Fenchel* und Pinienkernen
118 Pastasalat mit *Pfirsich*
136 Fruchtiger Blattsalat mit *Weintrauben*
142 Herbstsalat mit Hokkaido und gerösteten *Haselnüssen*
148 Fruchtiger Waldorfsalat mit *Apfel*

fleischloses Gericht, für Ovo-Lacto-Vegetarier geeignet   mit Hühnerfleisch   mit Schweinefleisch   mit Lammfleisch   mit Fisch

Für den großen Hunger: pikante Hauptgerichte

- 82 Grünkernbratlinge mit *Apfel*-Mus
- 86 *Kohlsprossen*-Pfandl mit Spätzle
- 92 *Kohl*-Rouladen mit Joghurtdip
  Rote-Rüben-Gerstenrisotto
- 98 *Spinat*-Knödel
  Spinat-Strudel mit Schafskäse
- 100 Ricotta-*Walnuss*-Ravioli
- 104 Spaghetti mit *Brokkoli*-Sauce
  Nockerl mit *Kohlrabi*-Gemüse
- 110 Glasierter *Spargel* mit Polenta
- 122 Fleischbällchen in *Tomaten*-Sauce
  Melanzani-Tofu-Pfanne
- 128 Gnocchi mit bunter *Paprika*
- 134 Amurfilet mit Schmorgemüse und *Karotten*-Püree
- 140 *Kürbis*-Pizza mit Feta
  Karfiol-Curry
- 146 Linsentaler mit *Kohl*-Gemüse

Für Naschkatzen: warme und kalte Süßspeisen

- 88 Omas gedeckter *Apfel*-Kuchen
- 94 *Apfel*-Brot-Küchlein im Glas
  Birnen-Streuselkuchen
- 100 Hirseauflauf mit *Rhabarber*-Kompott
- 106 Topfencreme mit *Erdbeeren* und Granola
  Rhabarber-Grießkuchen
- 112 *Himbeer*-Tartelettes
- 118 Nusskuchen mit *Ribiseln*
- 124 *Marillen*-Knödel mit Zimtbröseln
  Pancakes mit *Heidelbeeren*
- 130 *Zwetschken*-Tarte mit Topfenteig
  Grießflammerie mit pochiertem *Pfirsich*
- 136 Polentaschmarren mit *Quitten*-Ragout

Rezepte

SAISONKALENDER GEMÜSE

Wann wächst bei uns welches Gemüse und wie wird es angebaut?

In Supermärkten wird Gemüse heute völlig unabhängig von dessen Saison angeboten. Die Jahreszeit spielt keine Rolle. So findet man auch zu Weihnachten Spargel oder zu Ostern Tomaten. Dieses immerwährende Angebot lässt uns vergessen, was eigentlich wann bei uns wächst. Der oft mit energieintensiven Transporten verbundene Gemüseanbau auf der Südhalbkugel sowie der klimaschädigende Anbau in beheizten Glashäusern machen dieses uneingeschränkte Sortiment möglich. Doch damit geht das Verlangen nach Sommergemüse im Winter auf Kosten des Klimas.

Saisonal ist sinnvoll

Für unser Klima ist es gut, frisches Gemüse dann zu kaufen, wenn es bei uns Saison hat. Fisolen aus Kenia, die per Flugzeug transportiert werden, benötigen circa 52 Mal[219] mehr Energie als regional angebaute (siehe ab Seite 31). Wie klimaschädigend der Gemüsekonsum außerhalb der Saison sein kann, zeigt auch der Tomatenanbau: Werden Tomaten in beheizten Treibhäusern gezüchtet, verursacht das bis zu 40 Mal[220] mehr CO_2e als im Sommer (siehe ab Seite 27).

(Klima-)Bilanz ziehen

Nicht ganz so negativ fallen Gemüselagerung und geschützter Anbau in Folientunneln ins Gewicht. Wie stark sich die Lagerung auf die Klimabilanz von Gemüse auswirkt, hängt vor allem von der Dauer und dem Ort der Lagerung ab. Ab April kann es aus Umweltgründen vernünftiger sein, statt heimischer Kartoffeln, die bereits mehrere Monate in stark gekühlten Hallen gelagert wurden, frische Kartoffeln aus Südafrika zu kaufen, die per Schiff und Lkw unseren Supermarkt erreichen.

Heimischer Anbau bevorzugt

Der rechts abgebildete Jahreskreis soll als Orientierungshilfe dienen und einen groben Überblick darüber geben, wann bei uns welches Gemüse aus regionalem Freilandanbau, aus geschütztem Anbau, als Lagerware oder aus beheizten Gewächshäusern erhältlich ist.[221] Die durchgängigen Linien kennzeichnen Monate, in denen das jeweilige Gemüse aus heimischem Freilandanbau zur Verfügung steht, bei dem die Klimabilanz sehr positiv ausfällt. Gepunktete Linien markieren Monate, in denen die CO_2e-Bilanz von Gemüse gut ist, da dieses entweder unter Folie angebaut wird oder es sich um Lagerware handelt. Die vereinzelt gepunktete Linie weist auf Gemüse aus CO_2e-intensivem Anbau in beheizten Gewächshäusern hin, auf dessen Konsum gänzlich verzichtet werden sollte.

Exaktheit

Natürlich unterliegt die Ernte regionalen und witterungsbedingten Schwankungen. Ebenfalls können unterschiedliche Sorten einer Gemüseart für abweichende Erntezeiten verantwortlich sein. Dennoch ist der Saisonkreis exakt genug, um der Orientierung zu dienen. Ist beispielsweise im Februar im Supermarkt Spargel erhältlich, lässt sich anhand des Gemüsekreises mit Sicherheit ausschließen, dass dieser aus heimischem Anbau stammt. Abweichungen bewegen sich lediglich im Rahmen von wenigen Wochen. Achtung: Auch während der angegebenen Saison kann angebotenes Gemüse Importware sein und muss nicht zwangsweise aus heimischem Anbau stammen. Deshalb gilt es, die Angaben des Herkunftslandes zu beachten und vorzugsweise regionales Gemüse zu kaufen.

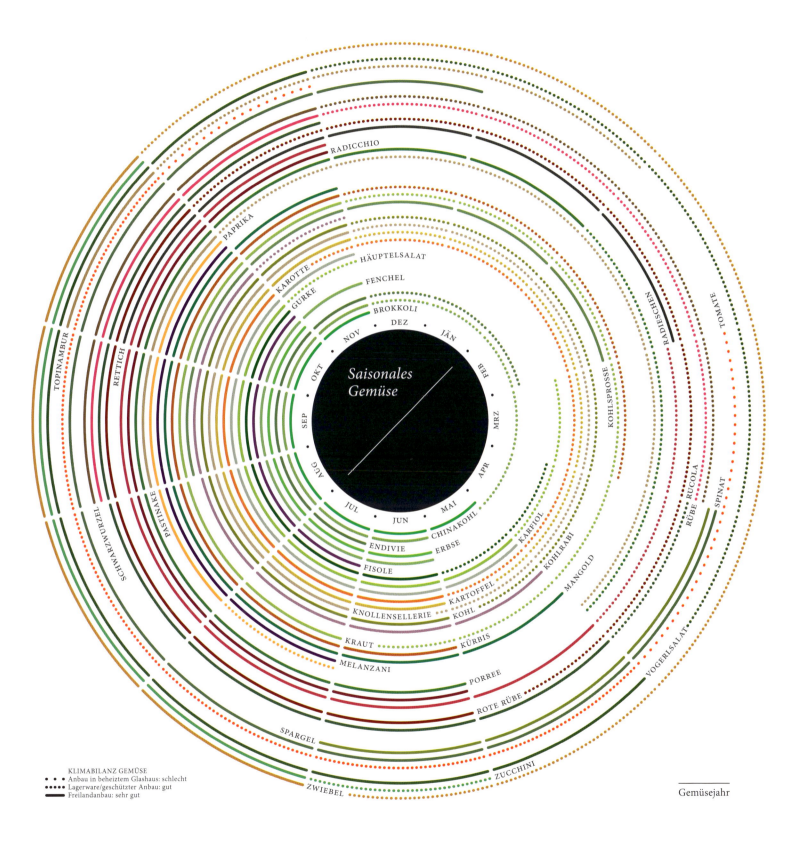

SAISONKALENDER OBST

Wann wächst bei uns welches Obst und wie lange kann es gelagert werden?

Das im Supermarkt angebotene Obst spiegelt schon lange nicht mehr das saisonale, heimische Angebot wider. Ganz egal, zu welcher Jahreszeit: Man findet in der Obst- und Gemüseabteilung alles, was das Herz begehrt. Neben Erdbeeren zu Ostern und Weintrauben im Winter selbstverständlich auch exotische Früchte wie Ananas oder Mangos, die per Flugzeug meilenweit zu uns reisen.

Auf Kosten der Umwelt

Leider berücksichtigen wir Konsumenten beim Einkaufen zu selten das regionale, saisonale Obstangebot und lassen uns auch im Winter gern von Sommerfrüchten verführen. Für den Klimaschutz macht es jedoch einen großen Unterschied, zu welcher Jahreszeit wir was kaufen. Bei frischem Obst, das außerhalb der heimischen Saison in Supermärkten angeboten wird, handelt es sich entweder um Lagerware, die unter Umständen schon über Monate in speziellen Kühlhäusern gelagert wurde, oder um Importware, die womöglich bereits um die halbe Welt gereist ist. Beides ist im Vergleich zu frischem, heimischem Obst mit einem vermehrten Energieaufwand und somit höheren Treibhausgasemissionen verbunden.[222]

Klimakiller Flugware

Wie sehr wir mit dem Kauf von nicht saisonalen Lebensmitteln, die aufgrund ihrer Empfindlichkeit eingeflogen werden müssen, den Klimawandel anheizen, wird am Beispiel von Erdbeeren deutlich: Die Treibhausgasemissionen von südafrikanischen Erdbeeren, die mit dem Flugzeug zu uns transportiert werden, sind etwa 191 Mal[223] höher als bei regional während der Saison geernteten Erdbeeren

(siehe ab Seite 31). Dieser Vergleich zeigt, wie wichtig es ist, beim Obstkauf auf die Saison zu achten.

Das Gute liegt so nah

Grundsätzlich gilt: je regionaler das Obst, desto besser für unser Klima. Allerdings sollte man nicht vergessen, dass auch die Lagerung von Obst in speziellen Kühlhäusern mit jedem Monat dessen CO_{2e}-Bilanz verschlechtert. So schneidet gegen Ende des Frühlings die Klimabilanz frisch geernteter Äpfel aus Neuseeland, die per Schiff importiert wurden, nur mehr um ein Drittel schlechter ab als regionale Lageräpfel, die zu diesem Zeitpunkt bereits mehr als ein halbes Jahr in speziellen Kühllagern verbracht haben.[224] Dennoch empfiehlt es sich aus Klimaschutzgründen, das in Kellern gelagerte Obst vorzuziehen. Anstatt zum neuseeländischen Importapfel zu greifen, ist es ab April sinnvoller, heimischen Rhabarber zu kaufen, der gerade Saison hat.

Auf einen Blick

Wie der Gemüsekreis dient auch der rechts abgebildete Obstkreis als Orientierungshilfe und gibt einen Überblick über die bei uns üblichen Ernte- und Lagerzeiten von Obst.[225] Im Gegensatz zu Gemüse wird beim Obst nur zwischen zwei Linienarten unterschieden: Ist Obst aus regionalem, klimafreundlichem Freilandanbau erhältlich, wird das mit durchgängigen Linien gekennzeichnet. Lagerobst, das nicht ganz so eine hervorragende Klimabilanz aufweist, wird mit gepunkteten Linien dargestellt. Grundsätzlich können Erntezeiten regionalen, sorten- und witterungsbedingten Schwankungen unterliegen. Daher sind Abweichungen bis zu wenigen Wochen völlig normal.

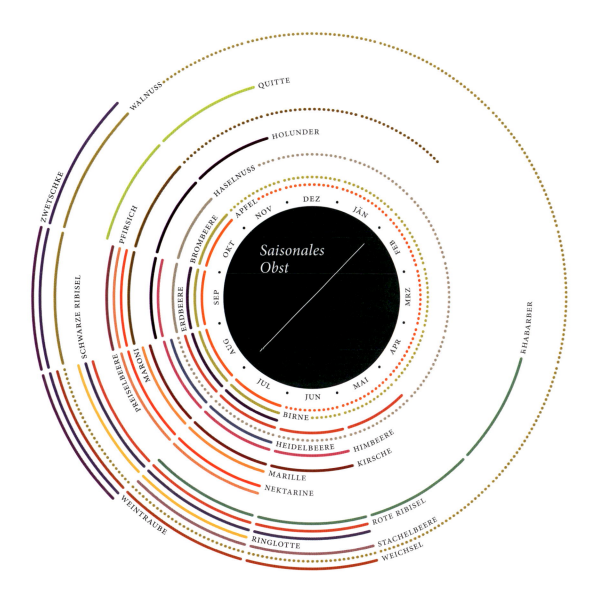

JUNI–MÄRZ

Orientalischer Hühnereintopf mit *Porree* und Couscous

3–4 TELLER

300 g Porree
3 Karotten
300 g Hühnerbrust
12 Datteln
3 EL Rapsöl
1 TL Kurkuma
1 TL Kumin
1 TL Ingwerpulver
250 g Naturjoghurt
Salz, Pfeffer
200 g Couscous

Wer es gerne scharf hat, verfeinert dieses Gericht mit ein wenig getrockneter Chili.

Den Porree putzen, waschen und in schmale Ringe schneiden. Die Karotten schälen, der Länge nach halbieren und in schräge Streifen schneiden. Die Hühnerbrust in mundgerechte Stücke und die entkernten Datteln klein schneiden. Das Rapsöl in einem Topf erhitzen. Karottenstücke und entkernte Datteln darin einige Minuten bei geschlossenem Deckel anschwitzen. Die Porreeringe dazugeben und ebenfalls kurz anschwitzen. Dabei unbedingt darauf achten, dass das Gemüse bissfest bleibt. Hühnchenstücke, Kurkuma, Kumin und Ingwerpulver beimengen und einige Minuten schmoren lassen. Abschließend den Joghurt untermischen und mit Salz und Pfeffer abschmecken.
Für die Beilage den Couscous laut Packungsangabe mit heißem Wasser übergießen und zugedeckt quellen lassen.

JULI–MÄRZ

Bauerneintopf mit *Karotten* und weißen Bohnen

6–8 TELLER

120 g weiße Bohnen
100 g Rollgerste
1 Zwiebel
2 Knoblauchzehen
300 g Kartoffeln
300 g Karotten
100 g Knollensellerie
2 EL Butter
350 g Schweinefleisch (z. B. Schopf)
2 Lorbeerblätter
Salz, Pfeffer
2 EL Mehl

Weiße Bohnen und Gerste über Nacht in reichlich Wasser einweichen. Am nächsten Tag Bohnen und Gerste abgießen und am besten im Dampfkochtopf bissfest garen.
Die Zwiebel schälen und grob hacken. Die Knoblauchzehen schälen und fein hacken. Kartoffeln, Karotten und Sellerie schälen und in kleine Stücke schneiden. In einem großen Topf 1 EL Butter zerlassen. Zwiebeln und Knoblauch darin kurz anschwitzen. Bohnen, Gerste, geschnittenes Gemüse, das Fleisch im Ganzen und Lorbeerblätter hinzugeben und mit 1,5 Litern Wasser aufgießen. Bei mittlerer Hitze kochen lassen, bis das Gemüse weich ist. Das Fleisch der Suppe entnehmen, in kleine Würfel schneiden und wieder zurück in die Suppe geben. Mit Salz und Pfeffer abschmecken.
In einer kleinen Pfanne die restliche Butter anschwitzen und mit dem Mehl bestäuben. Kurz abkühlen lassen, ein wenig Suppe entnehmen und damit aufgießen. Die Mehlschwitze in den Eintopf einrühren und eventuell etwas nachsalzen.

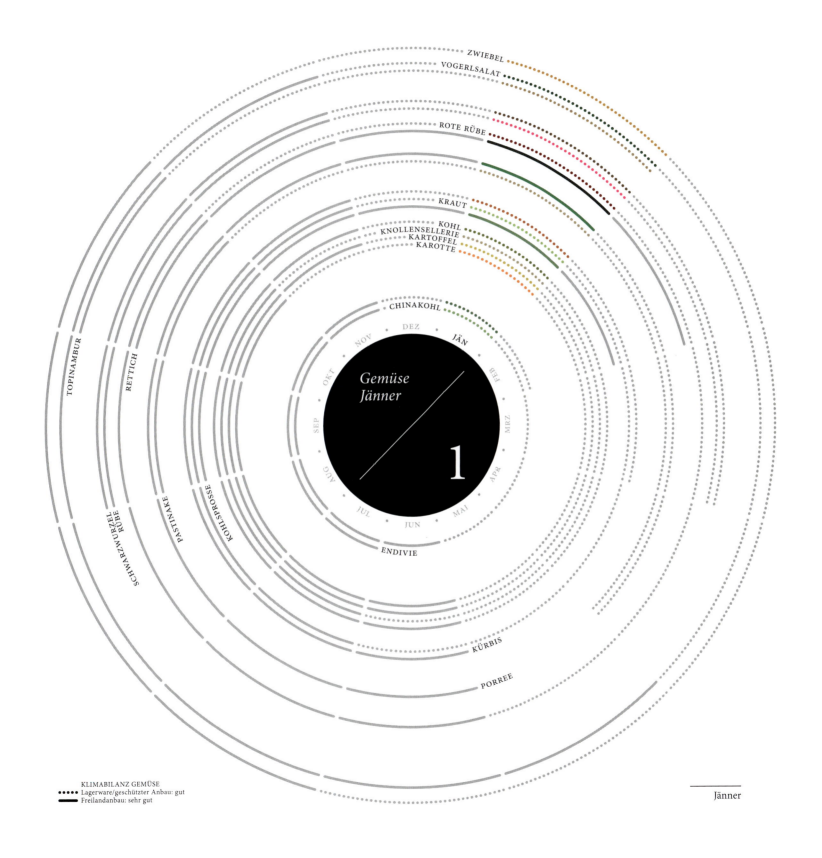
Jänner

SEPTEMBER–AUGUST

Crostini mit Kichererbsen-*Walnuss*-Dip

5–10 TELLER

70 g getrocknete Kichererbsen
1 Knoblauchzehe
30 g geriebene Walnüsse
2 TL Olivenöl
2 TL Zitronensaft
½ TL Kumin
   Salz
10 dünne Scheiben altbackenes Vollkornbrot oder Baguette
   Kresse

Die Kichererbsen über Nacht in reichlich kaltem Wasser einweichen. Am nächsten Tag abgießen, gründlich abspülen und in frischem Wasser etwa 30 Minuten weich kochen. Die Knoblauchzehe schälen, klein hacken und mit Kichererbsen, Walnüssen, Olivenöl, Zitronensaft, 50 ml Wasser und Kumin in ein hohes Gefäß geben und gut pürieren. Den Aufstrich mit Salz abschmecken. Je nach gewünschter Konsistenz gegebenenfalls mit etwas Wasser verdünnen. In einer beschichteten Pfanne die Brotscheiben ohne Öl bei mittlerer Hitze von jeder Seite goldbraun anrösten. Die Brotscheiben aus der Pfanne nehmen und mit dem Kichererbsen-Walnuss-Dip bestreichen. Nach Belieben mit Kresse bestreuen.

Alternativ kann man die knusprigen Brote im Herbst auch mit einer dünnen Birnenscheibe oder einfach mit gerösteten Sesam garnieren.

JULI–MÄRZ

Grünkernbratlinge mit *Apfel*-Mus

3–4 TELLER

140 g Grünkern
1 EL Rapsöl
½ rote Zwiebel
1 Karotte
1 Knoblauchzehe
1 EL gerösteter Sesam
2 EL Sonnenblumenkerne
   Salz, Pfeffer
40 g Vollkorn-Dinkelmehl
2 Eier
3 säuerliche Äpfel
   Öl zum Braten

Grünkern laut Packungsangabe in der doppelten Wassermenge etwa 30 Minuten bissfest garen. In einer Pfanne das Rapsöl erhitzen. Die in kleine Würfel geschnittene Zwiebel darin goldbraun anschwitzen. Die Karotte schälen und grob raspeln. Die Knoblauchzehe schälen und fein hacken. In einer Schüssel Grünkern, Zwiebeln, Karotten, Knoblauch, Sesam und Sonnenblumenkerne gut vermischen und mit Salz und Pfeffer abschmecken. Das Mehl und die Eier hinzugeben und so vermengen, dass eine gleichmäßige Masse entsteht.
Für das Apfelmus die Äpfel schälen, vierteln, entkernen und klein schneiden. Das Obst in 200 ml Wasser weich dünsten und mit einem Pürierstab fein pürieren.
In einer großen beschichteten Pfanne etwas Öl erhitzen. Mit einem Esslöffel kleine Portionen von der Grünkernmasse in die Pfanne setzen und etwas flach drücken. Bei mittlerer Hitze von beiden Seiten goldbraun braten. Auf Tellern anrichten und mit dem ausgekühlten Apfelmus servieren.

82

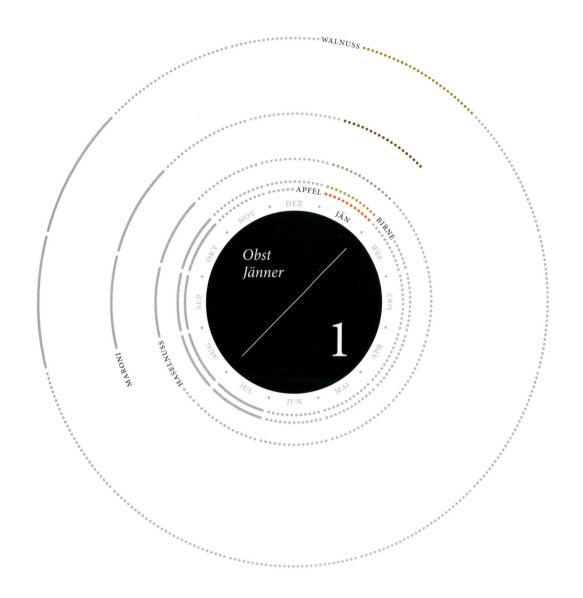

Jänner

Rezepte Februar 2

JUNI–MÄRZ

Kartoffel-Tortilla

2–3 TELLER

300 g gekochte Kartoffeln vom Vortag
1 Zwiebel
Olivenöl zum Braten
3 Eier
Salz, Pfeffer

Dieses Rezept eignet sich hervorragend, um übrig gebliebene Kartoffeln vom Vortag zu verarbeiten. Die gekochten Kartoffeln in dünne Scheiben schneiden.
Die Zwiebel schälen und in kleine Würfel schneiden. Die Zwiebeln in 1 EL Olivenöl glasig anschwitzen und kurz abkühlen lassen.
In einer Schüssel 2 Eier verquirlen und mit Salz und Pfeffer würzen. Kartoffeln und Zwiebeln zu den Eiern geben und gut verrühren.
In einer großen beschichteten Pfanne etwas Öl erhitzen und die Masse gleichmäßig verteilen. Abgedeckt bei mittlerer Hitze braten lassen, bis die Flüssigkeit stockt. Sobald die Tortilla beginnt, sich am Rand zu lösen, kann sie mithilfe eines flachen Tellers gewendet werden. Die Tortilla ist gar, wenn sie auch auf der Unterseite goldbraun angebraten ist.
Als Beilage eignet sich je nach Jahreszeit Blatt-, Gurken- oder Krautsalat.

Die Tortilla kann man sowohl heiß als auch kalt servieren.

SEPTEMBER–FEBRUAR

Kohlsprossen-Pfandl mit Spätzle

2–3 TELLER

200 g glattes Mehl plus etwas
    zum Bestäuben
2 Eier
    Salz
250 g Kohlsprossen
1 rote Zwiebel
2 EL Rapsöl
250 g Schweinefilet
80 ml Gemüsebrühe
30 ml Weißwein
½ TL ganzer Kümmel
    Pfeffer
1 EL Butter

Für die Spätzle Mehl, Eier, 1 TL Salz und 120 ml Wasser mit einem Mixer zu einem weichen Teig verrühren.
Die Kohlsprossen putzen und den Strunk leicht kreuzförmig einschneiden, dann in reichlich Salzwasser in etwa 4 Minuten bissfest garen. Durch ein Sieb abschütten, gut abtropfen lassen, halbieren und beiseitestellen.
Die Zwiebel schälen, in kleine Würfel schneiden und in etwas Öl glasig anschwitzen. Das Fleisch in dünne Streifen schneiden, in die Pfanne zu den Zwiebeln geben und scharf anbraten. Mit etwas Mehl bestäuben und mit Gemüsebrühe und Weißwein aufgießen. Kurz aufkochen lassen, bis die Sauce eindickt. Mit Kümmel, Salz und Pfeffer abschmecken, dann die Kohlsprossen unterrühren.
Den Spätzleteig nach und nach über ein nasses Brett in leicht kochendes Wasser schaben. Schwimmen die Spätzle an der Oberfläche, sind sie gar und können abgeschöpft werden. Abtropfen lassen und mit etwas Butter verfeinern.

86

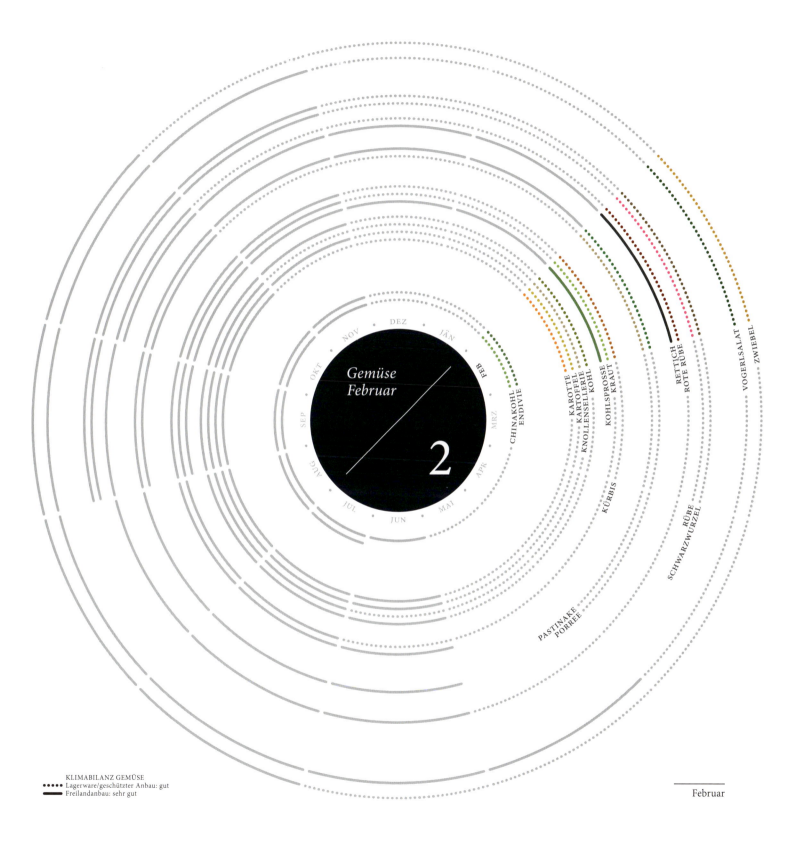

Februar

JULI–MÄRZ

Wintersalat mit Linsen und *Birne*

3–4 TELLER

200 g	Rotkraut
50 g	Linsen (z. B. rote Linsen)
1	Birne
1 TL	Senf
2 EL	Erdnuss- oder Sonnenblumenöl
4 EL	Apfelessig
1 TL	Honig
	Salz
1 EL	geröstete Kürbiskerne

Dieser Wintersalat schmeckt auch mit Kichererbsen oder Bohnen statt Linsen sehr gut.

Für den Wintersalat das Rotkraut in sehr feine Streifen schneiden und waschen. Gut abtropfen lassen und in eine Schüssel geben.
Linsen laut Packungsangabe in etwa 10 Minuten bissfest garen. Das überflüssige Wasser abgießen und die Linsen gut abkühlen lassen.
Die Birne waschen, vierteln, entkernen und in kleine Stücke schneiden. Rotkraut, Linsen und Birnen vermengen.
Für das Dressing Senf, Öl, Essig, Honig und Salz verrühren. Gut mit dem Salat vermischen und nochmals abschmecken. Den Salat auf Tellern anrichten und mit gerösteten Kürbiskernen bestreuen.

JULI–MÄRZ

Omas gedeckter *Apfel*-Kuchen

12 TELLER

300 g	Mehl
100 g	Staubzucker
50 g	gemahlene Haselnüsse
	Salz
150 g	kalte Butter
2	Eier
750 g	säuerliche Äpfel
4 EL	Zitronensaft
1 TL	Zimt
2 EL	Kristallzucker
50 g	Rosinen
1	Eigelb

Mehl, Staubzucker, gemahlene Haselnüsse und 1 Prise Salz in eine Schüssel geben. Butter mit einem Messer in kleine Stücke schneiden, abbröseln, 2 Eier dazugeben und alles rasch zu einem glatten Teig verarbeiten. Abgedeckt im Kühlschrank etwa 30 Minuten ruhen lassen. Den Backofen auf 180 °C Umluft vorheizen. Eine Springform (ø 26 cm) mit Butter einfetten und mit Mehl ausstäuben.
Die Äpfel schälen, entkernen und feinblättrig reiben. Zitronensaft, Zimt, Zucker und Rosinen mit den Äpfeln verrühren. Für den Teigdeckel ein Drittel des Teigs auf einer bemehlten Unterlage ausrollen und mithilfe der Springform rund ausschneiden. Mit dem restlichen Teig die Form auslegen, sodass der Rand etwa 4 Zentimeter hoch ist. Den Boden mehrmals mit einer Gabel einstechen. Die Apfelmasse auf dem Boden verteilen, den Teigdeckel darüberlegen und den Rand mit den Fingern festdrücken. Mit dem Eigelb bestreichen und 35–40 Minuten backen.

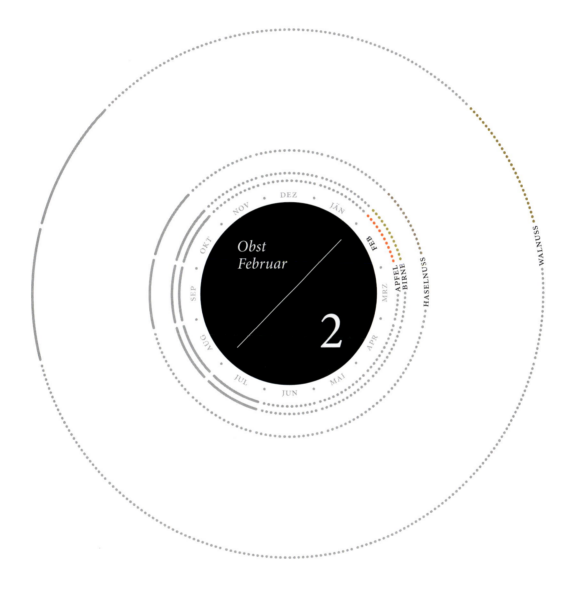

KLIMABILANZ OBST
••••• Lagerware: gut
▬▬▬ Freilandanbau: sehr gut

Februar

Rezepte März

3

JUNI–MÄRZ

Kohl-Rouladen mit Joghurtdip

2–3 TELLER

140 g Hirse
130 g Porree
6 EL Rapsöl
60 g Rosinen
15 g Mandelblättchen
2 Knoblauchzehen
1½ TL Kumin
je 3 Msp. Zimt und Chilipulver
Salz
10 Kohlblätter
70 ml Gemüsebrühe
je 100 g Joghurt und Sauerrahm

Die Hirse heiß abspülen und laut Packungsangabe kochen. Dann beiseitestellen. Den Porree putzen, waschen, fein schneiden und in einer großen beschichteten Pfanne in 3 EL Rapsöl anschwitzen. Hirse, Rosinen, Mandelblättchen, 1 gepresste Knoblauchzehe, Kumin, Zimt und Chilipulver hinzugeben. Gut mischen und mit Salz abschmecken.
Die Kohlblätter in kochendem Wasser etwa 3–4 Minuten blanchieren, abgießen und mit kaltem Wasser abschrecken.
Die Kohlblätter jeweils mit 3 EL Hirse-Porree-Masse füllen, die Seitenränder einschlagen und aufrollen. Eventuell mit Zahnstochern fixieren. In einer großen Pfanne 3 EL Rapsöl erhitzen und die Rouladen darin rundherum anbraten. Dann mit Gemüsebrühe aufgießen und bei geschlossenem Deckel etwa 10 Minuten dünsten.
Für den Dip die zweite Knoblauchzehe pressen, dann mit Joghurt, Sauerrahm und Salz verrühren. Die Rouladen mit dem Knoblauchdip servieren.

JUNI–MÄRZ

Rote-Rüben-Gerstenrisotto

4–5 TELLER

2 Rote Rüben
1 Zwiebel
40 g Knollensellerie
1 Knoblauchzehe
1 EL Olivenöl
200 g Rollgerste
Salz, Pfeffer
100 ml trockener Weißwein
700 ml Gemüsebrühe
1 EL Butter
50 g Ziegenkäse

Die ungeschälten, gewaschenen Roten Rüben im Dampfkochtopf mit zwei Fingerbreit Wasser etwa 20 Minuten bissfest garen. Warten, bis der Druck von selbst nachlässt. Die Rüben häuten und in kleine Würfel schneiden.
In der Zwischenzeit Zwiebel, Sellerie und Knoblauch schälen, klein würfeln und in einem Topf in heißem Olivenöl glasig anschwitzen. Die Gerste dazugeben, unter Rühren kurz anschwitzen und mit Salz und Pfeffer würzen. Mit Weißwein ablöschen, kurz aufkochen lassen und dann mit Gemüsebrühe aufgießen. Bei geringer Hitze ohne Deckel 25 Minuten köcheln lassen. Die Rüben dazugeben und das Risotto weitere 10 Minuten kochen lassen, bis die Flüssigkeit fast vollständig absorbiert ist.
Das Rübenrisotto mit Butter verfeinern und noch einmal abschmecken. Auf flachen Tellern anrichten und den zerbröselten Ziegenkäse darauf verteilen.

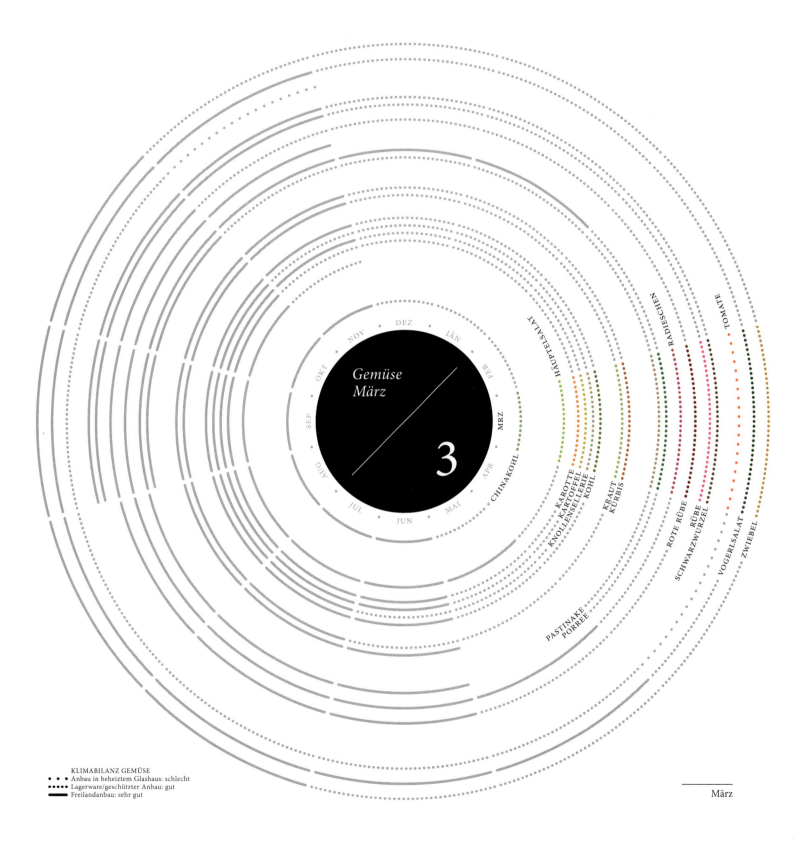

JULI–MÄRZ

Apfel-Brot-Küchlein im Glas

6 TELLER

200 ml Milch
1 Ei
35 g Staubzucker
2 alte Semmeln
Butter zum Einfetten
2 säuerliche Äpfel
½ TL Zimt
1 EL gehackte Walnüsse

Von April bis Juni lässt sich dieses Rezept statt mit Äpfeln auch mit geschälten Rhabarberstücken zubereiten.

Milch, Ei und Staubzucker verquirlen. Die Semmeln halbieren und in dünne Scheiben schneiden, mit zwei Dritteln der Milch übergießen und für 10 Minuten beiseitestellen. Backofen auf 180 °C Umluft vorheizen. Inzwischen sechs Weckgläser (à 160 ml) mit etwas Butter ausstreichen. Äpfel schälen, feinblättrig reiben und mit dem Zimt vermischen. Getränkte Semmelscheiben und geriebene Äpfel abwechselnd in die gefetteten Gläser schichten. Mit einer Schicht Semmeln abschließen. Dann mit der restlichen Milch übergießen und mit den gehackten Walnüssen bestreuen. Die Apfel-Brot-Küchlein im Backofen etwa 30 Minuten backen, bis sie goldbraun sind.

JULI–MÄRZ

Birnen-Streuselkuchen

12 TELLER

350 g Vollkorn-Dinkelmehl
100 g Kristallzucker
4 Eier
150 g weiche Butter
1 TL Natron
100 g Staubzucker
80 g geriebene Haselnüsse
1 Msp. gemahlener Kardamom
1 TL Zimt
500 g reife Birnen
Butter zum Einfetten

Für den Teig 250 Gramm Vollkorn-Dinkelmehl, Kristallzucker, die Eier, 50 Gramm weiche Butter und Natron mit einem Handmixer zu einem Teig verrühren.
Backofen auf 180 °C Umluft vorheizen. Für die Streusel in einer Schüssel 100 Gramm Vollkorn-Dinkelmehl, 100 Gramm weiche Butter, Staubzucker, Haselnüsse, Kardamom und Zimt mit der Hand verkneten.
Die Birnen schälen und vierteln. Das Kerngehäuse entfernen und das Obst in dünne Scheiben schneiden.
Eine Springform (ø 26 cm) gut mit Butter ausstreichen, den Kuchenteig gleichmäßig darin verteilen und mit den Birnenstücken belegen. Die Streusel mit den Händen darüberbröseln. Den Kuchen im Backofen etwa 20 Minuten backen, bis die Streusel goldbraun sind. Den Backofen ausschalten und den Kuchen darin weitere 5 Minuten ruhen lassen.

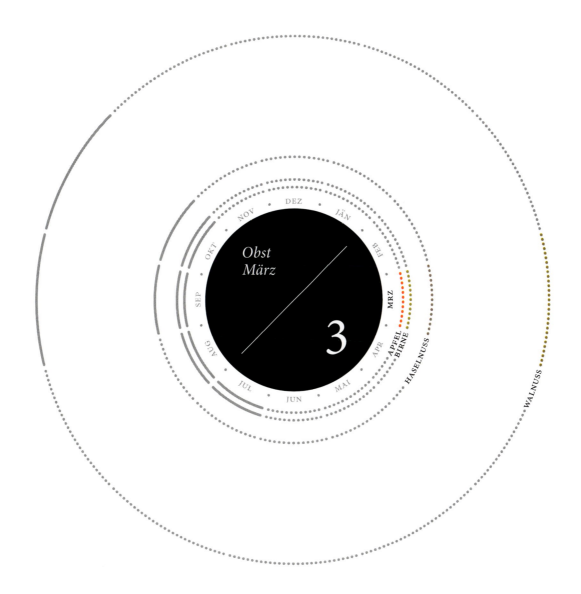

KLIMABILANZ OBST
Lagerware: gut
Freilandanbau: sehr gut

März

APRIL–DEZEMBER

Spinat-Knödel

3–5 TELLER

180 g altbackenes Weißbrot
150 ml Milch
2 Eier
600 g Blattspinat
1 Zwiebel
3 Knoblauchzehen
2 EL Rapsöl
Salz, Pfeffer
60 g Topfen
30 g würziger, geriebener Käse
140 g Mehl
je 2 EL Butter und Parmesan

Das Brot in kleine Würfel schneiden. Milch und Eier verquirlen und über die Brotwürfel gießen. Den Spinat waschen und gut abtropfen lassen. Die Stängel entfernen und die Blätter klein schneiden. Die Zwiebel schälen und in kleine Würfel schneiden. Die Knoblauchzehen schälen und klein hacken. In einer großen Pfanne das Rapsöl erhitzen und die Zwiebeln darin anschwitzen. Den Spinat dazugeben. Mit Knoblauch, Salz und ein wenig Pfeffer würzen. Möglichst solange dünsten, bis das Wasser ganz verdunstet ist. Den Spinat kurz abkühlen lassen und restliche Flüssigkeit abgießen. Spinat mit Topfen, geriebenem Käse und Mehl zur Brotmasse geben. Gut vermengen und gegebenenfalls zusätzlich etwas Mehl hinzugeben.
Mit befeuchteten Händen 15 mittelgroße Knödel formen und diese in leicht kochendem Wasser etwa 10 Minuten garen lassen. Die Knödel herausnehmen, abtropfen lassen, mit geschmolzener Butter übergießen und mit frisch geriebenem Parmesan anrichten.

APRIL–DEZEMBER

Spinat-Strudel
mit Schafskäse

3–4 TELLER

150 g Mehl
4 EL Rapsöl plus etwas zum Einfetten
Salz
1 Zwiebel
750 g junger Blattspinat
3 Knoblauchzehen
3 Msp. Muskatnuss
Pfeffer
1 Ei
100 g Schafskäse
1 EL gerösteter Sesam

In einer Schüssel Mehl, 1 EL Rapsöl, ½ TL Salz und 110 ml lauwarmes Wasser zu einem weichen Teig verkneten. 30 Minuten ruhen lassen. Backofen auf 180 °C Umluft vorheizen. Die Zwiebel schälen und klein würfeln. Den Spinat putzen, waschen und gut abtropfen lassen. Die Knoblauchzehen schälen und klein hacken. In einer Pfanne 3 EL Rapsöl erhitzen und die Zwiebeln darin anschwitzen. Den Spinat dazugeben. Mit Knoblauch, etwas Muskat, Salz und Pfeffer würzen. Bei mittlerer Hitze dünsten, dann ausdrücken und abkühlen lassen.
Den Teig tellergroß ausrollen, mit Öl bestreichen und auf einem bemehlten Tuch zu einem hauchdünnen Rechteck (ca. 40 × 60 cm) ausziehen. Ein Drittel der kurzen Seite mit Ei bepinseln. Spinat und Schafskäse auf der restlichen Fläche verteilen. Das Einrollen mit der belegten Seite beginnen, die seitlichen Ränder nach unten schlagen. Den Strudel auf ein gefettetes Backblech legen und mit Ei bestreichen. Den Sesam darüberstreuen und ca. 20 Minuten goldbraun backen.

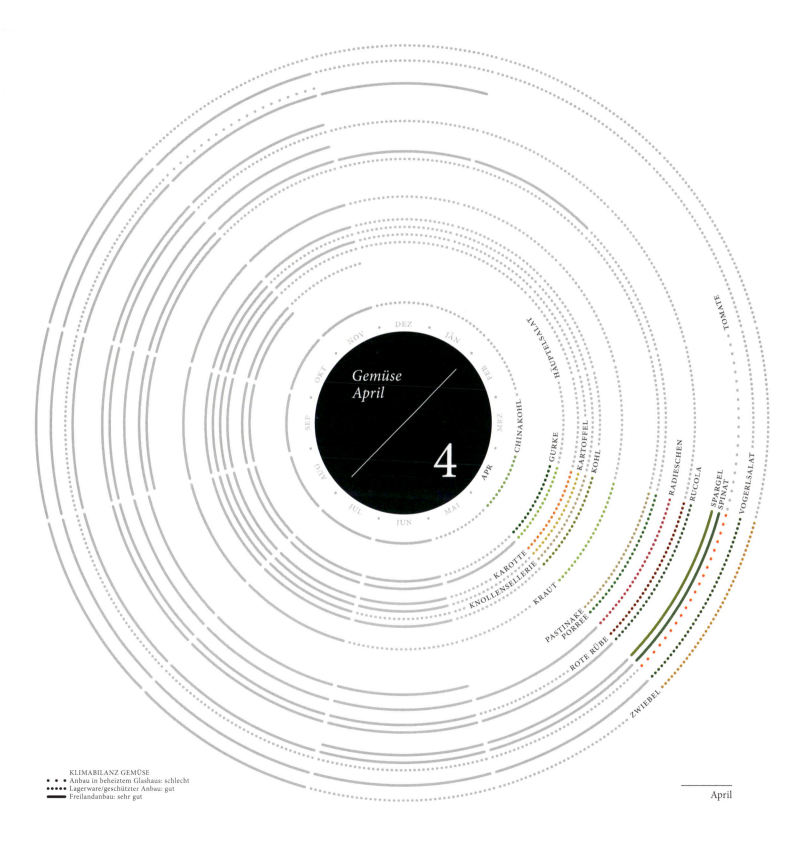

April

APRIL–JULI

Hirseauflauf mit *Rhabarber*-Kompott

1–2 TELLER

200 g Rhabarber
1 Nelke
½ Zimtstange
2 EL Kristallzucker
100 g gekochte Hirse vom Vortag oder 35 g ungekochte Hirse
1 Ei
2 EL Honig
100 g Topfen
Butter zum Einfetten
1 EL Mandelblättchen
Staubzucker zum Bestreuen

Den Backofen auf 180 °C Umluft vorheizen.
Die Rhabarberstangen waschen und die Haut abziehen. Die Enden abschneiden und den Rhabarber in 2 cm lange Stücke schneiden. In einem Topf ca. 50 ml Wasser mit den Gewürzen und Zucker zum Kochen bringen. Den Rhabarber dazugeben und etwa 2–3 Minuten kernig weich kochen. Darauf achten, dass die Stücke nicht zerfallen. Eventuell nachsüßen und auskühlen lassen.
Für den Auflauf die gekochte Hirse in eine Schüssel geben. Das Ei trennen und das Eiklar mit einem Handmixer zu steifem Eischnee schlagen. Eigelb, Honig und Topfen zur Hirse geben, gut vermischen und den Eischnee vorsichtig unterheben. Die Hirsemasse auf 1–2 mit Butter gefettete Förmchen verteilen, mit Mandelblättchen bestreuen und etwa 25 Minuten goldbraun backen. Den Auflauf mit etwas Staubzucker bestreuen und noch warm mit dem Rhabarber-Kompott servieren.

SEPTEMBER–AUGUST

Ricotta-*Walnuss*-Ravioli

2–3 TELLER

200 g Hartweizen
Salz
2 EL Olivenöl
½ Knoblauchzehe
100 g Ricotta
65 g geriebene Walnüsse
15 g geriebener Parmesan plus etwas zum Bestreuen
Pfeffer
1 Eigelb
1 EL Butter
1 EL gehackte Walnüsse

In einer Schüssel den Hartweizen mit ½ TL Salz, Olivenöl und 120 ml lauwarmem Wasser zu einem glatten Teig verkneten. Etwa 1 Stunde im Kühlschrank ruhen lassen.
Für die Füllung die Knoblauchzehe schälen und klein hacken. Ricotta mit Knoblauch, geriebenen Walnüssen und Parmesan verrühren. Das Ganze gut mit Salz und Pfeffer abschmecken, dann das Eigelb unterrühren.
Den Teig auf einer bemehlten Arbeitsfläche dünn ausrollen und 10 cm breite Bahnen schneiden. Dann quer dazu in Stücke teilen, sodass Rechtecke von etwa 5 × 10 cm entstehen. Auf der unteren Hälfte jedes Teigstücks etwas Füllung platzieren und den Teig mittig zu Quadraten zusammenklappen. Die Ränder mit den Fingern festdrücken und mit einer Gabel verzieren. Die Ravioli 7–10 Minuten in Salzwasser kochen. Mit einem Schaumlöffel behutsam herausnehmen und auf flachen Tellern anrichten. Mit Butter beträufeln und mit frisch geriebenem Parmesan sowie gehackten Walnüssen bestreuen.

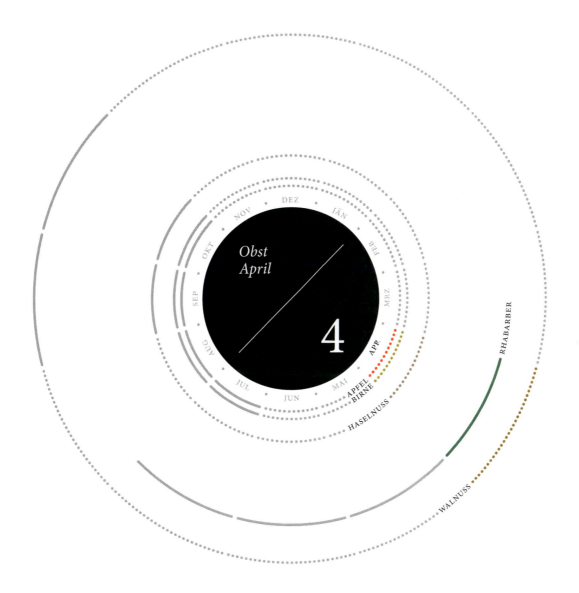

KLIMABILANZ OBST
Lagerware: gut
Freilandanbau: sehr gut

April

Rezepte
Mai

5

MAI–NOVEMBER

Spaghetti mit *Brokkoli*-Sauce

2–3 TELLER

1 Brokkoli
Salz
250 g Vollkornspaghetti
1 Zwiebel
2 EL Olivenöl
1 Handvoll frisches Basilikum
100 g Ricotta
2 Knoblauchzehen
Pfeffer
2 Msp. Muskatnuss
2 EL Pinienkerne
1 TL Butter

Den Brokkoli in Röschen teilen, gründlich waschen und in kochendem Salzwasser bei mittlerer Hitze richtig weich kochen. Die Spaghetti laut Packungsangabe in leicht gesalzenem Wasser al dente kochen.
Die Zwiebel schälen und klein würfeln. In einem Topf das Olivenöl erhitzen und die Zwiebeln darin glasig anschwitzen. Basilikum waschen, trocken tupfen und bis auf einige Blätter fein hacken.
Den Brokkoli abgießen und mit einer Gabel zerdrücken. Ricotta, gepresste Knoblauchzehen, klein gehacktes Basilikum sowie Brokkoli zu den Zwiebeln in den Topf geben. Gut mit Salz, Pfeffer und Muskat abschmecken.
Die Pinienkerne in einer Pfanne ohne Öl anrösten. Die Spaghetti abgießen, mit etwas Butter verfeinern und mit der Brokkoli-Sauce in tiefen Tellern anrichten. Vor dem Servieren mit den gerösteten Pinienkernen bestreuen und mit einem Basilikumblatt garnieren.

Statt Ricotta können auch 2 EL Schlagobers oder Sauerrahm verwendet werden.

MAI–OKTOBER

Nockerl mit *Kohlrabi*-Gemüse

2–3 TELLER

120 g Vollkorn-Dinkelgrieß
100 g Topfen
2 Eigelb
Salz
1 kleine Zwiebel
2 Kohlrabi
1 EL Olivenöl
1 EL Mehl
1 Handvoll frische Petersilie
2 EL Sauerrahm
2 TL Butter

Den Dinkelgrieß mit 300 ml Wasser kurz aufkochen. Beiseitestellen und abkühlen lassen. Dann in einer Schüssel gekochten Grieß, Topfen, Eigelbe und ½ TL Salz zu einer sämigen Masse verrühren.
Die Zwiebel schälen und fein hacken. Kohlrabi schälen und in etwa 1 cm große Würfel schneiden. In einer Pfanne das Olivenöl erhitzen und die Zwiebeln darin anschwitzen. Dann die Kohlrabiwürfel dazugeben. Mit Mehl bestauben, ca. 150 ml Wasser aufgießen, salzen und bei geschlossenem Deckel weich dünsten. Mit klein gehackter Petersilie und Sauerrahm vollenden.
Mit zwei Esslöffeln Nockerl aus der Grießmasse formen und in leicht kochendes Salzwasser geben. Abgedeckt 7–10 Minuten ziehen lassen. Die Nockerl behutsam mit einem Schaumlöffel herausnehmen, gut abtropfen lassen und mit Butter verfeinern. Kohlrabi-Ragout auf Tellern anrichten und die Nockerl darauf arrangieren.

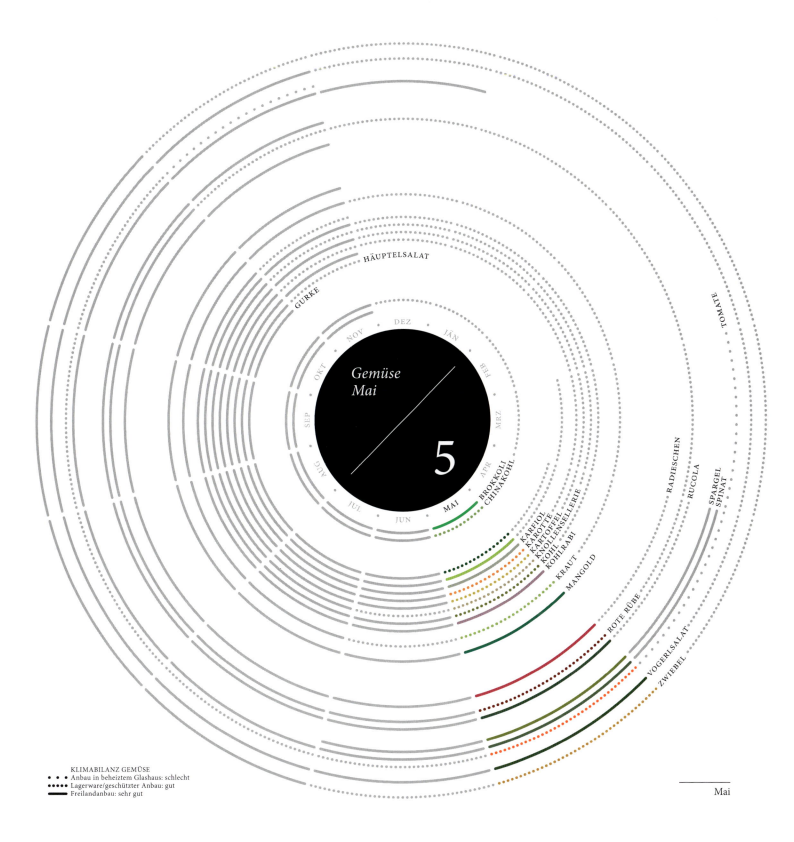

MAI–SEPTEMBER

Topfencreme mit *Erdbeeren* und Granola

4 TELLER

100 g	Mascarpone
250 g	Magertopfen
100 ml	Schlagobers
25 g	Staubzucker
1 Msp.	gemahlener Kardamom
1 TL	Butter
40 g	Dinkelflocken
30 g	ganze Mandeln
2 EL	Honig
½ TL	Zimt
200 g	Erdbeeren

In einer kleinen Schüssel Mascarpone und Topfen mit einem Handmixer zu einer cremigen Masse rühren. Den geschlagenen Schlagobers, Staubzucker und gemahlenen Kardamom gut untermischen.
Für das Granola die Butter in einer Pfanne zerlassen. Die Dinkelflocken, klein gehackte Mandeln, Honig und Zimt hinzugeben und unter Rühren einige Minuten gut anrösten. Granola abkühlen lassen, bis es vollständig getrocknet ist. Die Erdbeeren waschen und den Strunk entfernen. Das Obst in kleine Stücke scheiden und die Hälfte davon auf kleine Gläser verteilen. Dann im Wechsel Topfencreme und Erdbeeren ins Glas geben, sodass sich je zwei Schichten Erdbeeren und Creme ergeben. Mit Topfencreme abschließen. Die Gläser kalt stellen und vor dem Servieren mit reichlich knusprigem Granola bestreuen.

Statt Erdbeeren eignen sich im Sommer auch Marillen oder Zwetschken für dieses köstliche Dessert.

106

APRIL–JULI

Rhabarber-Grießkuchen

12 TELLER

500 g	Rhabarber
2	Eier
	Salz
60 g	weiche Butter
110 g	Honig
130 g	Vollkorn-Dinkelgrieß
50 g	Weizengrieß
300 g	Joghurt
1 TL	Natron
1 Msp.	gemahlener Kardamom
	Butter zum Einfetten
20 g	Mandelblättchen

Den Backofen auf 160 °C Umluft vorheizen.
Die Rhabarberstangen waschen und die Haut abziehen. Die Enden abschneiden und den Rhabarber in etwa 2–3 cm lange Stücke schneiden.
Die Eier trennen, das Eiklar mit 1 Prise Salz zu Eischnee schlagen und beiseitestellen. Die weiche Butter mit einem Mixer schaumig rühren, dann nach und nach die Eigelbe dazugeben. Gut mixen und Honig, Grieß, Joghurt, Natron und gemahlenen Kardamom untermischen. Abschließend den Eischnee vorsichtig unter die Kuchenmasse heben.
Eine Springform (ø 26 cm) mit Butter einfetten, den Teig darin verteilen und gleichmäßig mit den Rhabarberstücken belegen. Die Mandelblättchen darüberstreuen und den Grießkuchen im vorgeheizten Backofen etwa 45 Minuten backen. Den Ofen ausschalten und den Kuchen weitere 10 Minuten darin ruhen lassen. Den Kuchen abkühlen lassen und in Stücke schneiden.

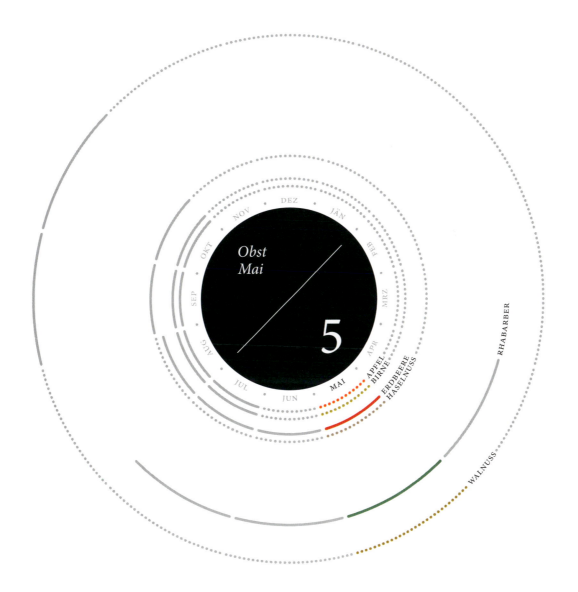

KLIMABILANZ OBST
Lagerware: gut
Freilandanbau: sehr gut

Mai

Rezepte
Juni

6

JUNI–OKTOBER

Lauwarmer Couscous-Salat mit *Tomaten* und Feta

2–3 TELLER	
200 g	Couscous
200 g	Cocktailtomaten
200 g	Gurke
100 g	Feta
1	Handvoll frisches Basilikum
1	Handvoll frische Petersilie
1 TL	ganzer Koriander
4 EL	Zitronensaft
2 EL	Olivenöl
	Salz, Pfeffer

Wer es scharf mag, verfeinert den Couscous-Salat am besten mit einer frischen Chili.

Den Couscous in einer Schüssel laut Packungsangabe mit kochendem Wasser übergießen. Abgedeckt quellen lassen. Inzwischen Cocktailtomaten waschen, vierteln und die Stielansätze entfernen. Die Gurke schälen und in Würfel schneiden. Den Schafskäse in mundgerechte Stücke zerteilen. Basilikum und Petersilie waschen, trocken tupfen und klein hacken. Die Korianderkörner in einem Mörser zerstoßen und mit Zitronensaft und Olivenöl zum Couscous geben.

Alle Zutaten gut durchmischen und mit Salz und Pfeffer abschmecken. In tiefen Tellern anrichten und am besten lauwarm servieren.

MAI–JUNI

Glasierter *Spargel* mit Polenta

2–3 TELLER	
250 ml	Milch
125 g	Maisgrieß
1 Msp.	geriebene Muskatnuss
2 TL	Butter
1	Zwiebel
500 g	grüner Spargel
2 EL	Olivenöl
1 TL	Kristallzucker
250 g	Cocktailtomaten
	Salz, Pfeffer
50 ml	Weißwein
50 ml	Gemüsebrühe

Je 250 ml Wasser und Milch erhitzen, den Maisgrieß einrieseln lassen und laut Packungsangabe unter Rühren zubereiten. Mit Muskat und etwas Butter verfeinern.

Die Zwiebel schälen und in kleine Würfel schneiden. Den Spargel waschen und im unteren Drittel schälen. Die Enden abschneiden und den Spargel schräg dritteln.

In einer Pfanne das Olivenöl erhitzen, die Zwiebelwürfel darin anschwitzen und den Zucker einstreuen. Spargelstücke und ganze Cocktailtomaten dazugeben und ebenfalls andünsten. Mit Salz und Pfeffer würzen und mit Weißwein und Gemüsebrühe ablöschen. Das Gemüse abgedeckt bei mittlerer Hitze beinahe bissfest garen. Den Deckel abnehmen und kurz weiterköcheln lassen, bis die Flüssigkeit zu einer sämigen Sauce eingekocht ist.

Das Spargelgemüse nochmals abschmecken, auf Tellern anrichten und mit der cremigen Polenta servieren.

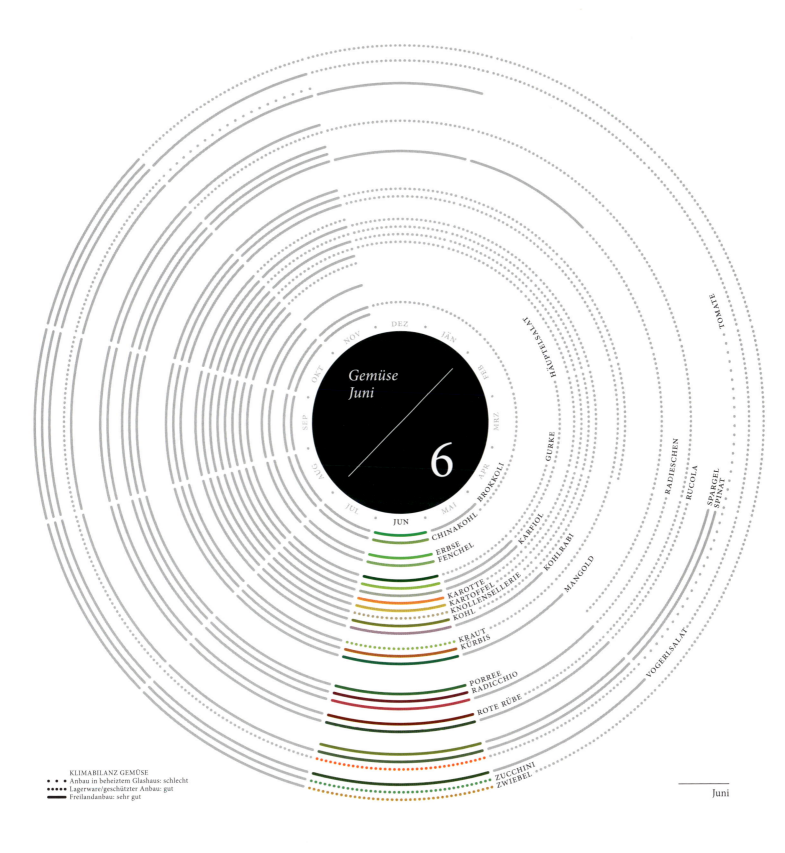

JUNI–AUGUST

Indische Hühnerspieße auf Blattsalat mit *Erdbeeren*

2–3 TELLER

300 g	Hühnerbrust
½	Knoblauchzehe
70 g	Naturjoghurt
je ½ TL	Kumin und Kurkuma
je 3 Msp.	Chilipulver und Kardamom
1 TL	Zitronensaft
	Salz
100 g	Blattsalate (Vogerlsalat, Rucola etc.)
15	Erdbeeren
je 2 EL	Apfelessig und Sonnenblumenöl
2 TL	Honig
	Rapsöl, frische Minze

Das Hühnerfleisch waschen, trocken tupfen und in ca. 2 cm große Würfel schneiden.

Für die Marinade die halbe Knoblauchzehe schälen und klein hacken. In einer Schüssel Joghurt, Knoblauch, Kumin, Kurkuma, Chilipulver, gemahlenen Kardamom, Zitronensaft und ½ TL Salz verrühren. Die Hühnerstücke in die Marinade geben, luftdicht abdecken und im Kühlschrank 3 Stunden ziehen lassen.

Die Blattsalate waschen, trocken schleudern und in mundgerechte Stücke zupfen. Die Erdbeeren waschen und die Stielansätze entfernen. Das Obst vierteln und mit dem Salat in eine Schüssel geben. Apfelessig, Sonnenblumenöl, Honig und etwas Salz zu einem Dressing verrühren.

Das Fleisch auf Holzspieße stecken und in einer Pfanne mit etwas Rapsöl von allen Seiten anbraten. Den Salat gut mit dem Dressing vermengen, mit fein gehackter Minze bestreuen und mit den Spießen anrichten.

Anstelle der Erdbeeren passen je nach Jahreszeit auch Himbeeren oder kleine Marillenstücke zu den Blattsalaten.

JUNI–SEPTEMBER

Himbeer-Tartelettes

12 TELLER

220 g	Buchweizenmehl
90 g	kalte Butter
55 g	Staubzucker
3	Eier
	Butter zum Einfetten
100 g	Himbeeren
	Salz
200 g	Ricotta
50 g	Sauerrahm
20 g	Kristallzucker

Den Backofen auf 175 °C vorheizen.

Für den Mürbeteig das Mehl in eine Schüssel sieben. Die Butter in kleinen Stücken, den Staubzucker und 1 Ei hinzugeben und alles mit den Händen rasch zu einem homogenen Teig verkneten. Etwa 15 Minuten kalt stellen. 12 Tartelette-Formen (ø 8 cm) mit Butter ausstreichen. Den Mürbeteig in 12 Teile teilen und rund ausrollen. Die Förmchen mit dem Teig auskleiden, mit einer Gabel mehrmals einstechen und ca. 5 Minuten blind backen.

Die Himbeeren waschen und gut abtropfen lassen.

Für den Guss die restlichen Eier trennen und das Eiklar mit 1 Prise Salz zu Eischnee schlagen. Ricotta, Sauerrahm, Kristallzucker und die Eigelbe gut verrühren und den Eischnee vorsichtig unterheben.

Förmchen aus dem Ofen nehmen und mit der Ricotta-Masse auffüllen. Die Himbeeren darauf verteilen und in weiteren 20 Minuten fertig backen.

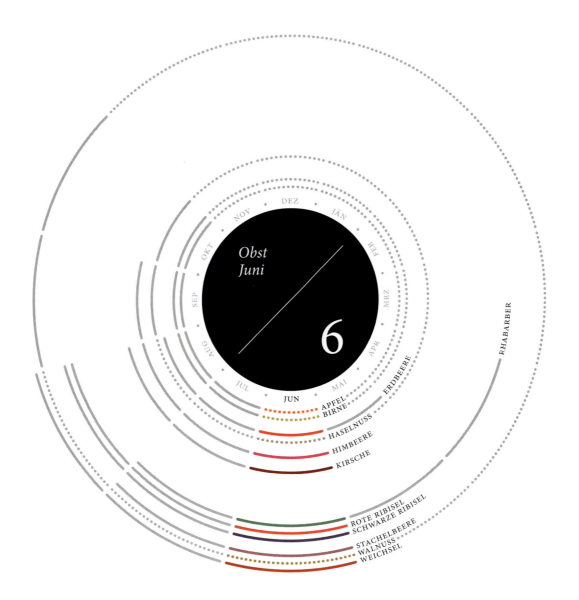

Juni

Rezepte Juli / 7

JUNI–OKTOBER

Mediterraner Dinkelsalat mit *Fenchel* und Pinienkernen

3–4 TELLER

150 g	Dinkel
1	Zwiebel
3	kleine Fenchelknollen
2 EL	Olivenöl
1 TL	Zucker
40 ml	Weißwein
4	Cocktailtomaten
4	getrocknete Tomaten
2 EL	Pinienkerne
10	schwarze, entsteinte Oliven
1	Handvoll frische Petersilie
1 EL	Zitronensaft
	Salz, Pfeffer

In einem kleinen Topf die Dinkelkörner abgedeckt laut Packungsangabe bissfest kochen.
Die Zwiebel schälen und in grobe Stücke schneiden. Den Fenchel putzen und in mundgerechte Stücke schneiden. In einer Pfanne das Olivenöl erhitzen und die Zwiebeln darin anschwitzen. Zum Karamellisieren etwas Zucker darüberstreuen. Fenchelstücke zu den Zwiebeln geben und gemeinsam bissfest garen. Mit Wein ablöschen, kurz aufköcheln lassen und beiseitestellen.
Die Cocktailtomaten waschen und vierteln, die getrockneten Tomaten klein schneiden. Die Pinienkerne in einer kleinen Pfanne ohne Öl kurz anrösten.
In einer Schüssel den Dinkel mit dem Gemüse, den ganzen Oliven, den gerösteten Pinienkernen und etwas gehackter Petersilie vermischen. Mit Zitronensaft verfeinern und mit Salz und Pfeffer abschmecken. Den Dinkelsalat am besten lauwarm servieren.

Dieses Gericht eignet sich sehr gut als Vorspeise. Der Getreidesalat kann aber auch als Beilage zu Fisch oder Huhn gereicht werden.

JUNI–OKTOBER

Erfrischende *Gurken*-Suppe

3–4 TELLER

1	Gurke
1	Knoblauchzehe
50 g	Rucola
250 g	Naturjoghurt
100 ml	kalte Brühe oder Wasser
2 EL	Zitronensaft
2 EL	Schlagobers
4	frische Minzeblätter
	Salz, Pfeffer
	Dill zum Garnieren

Gurke und Knoblauch schälen und in kleine Stücke schneiden. Rucola waschen und ebenfalls klein schneiden.
Gurke, Knoblauch und Rucola mit Naturjoghurt, Brühe oder Wasser, Zitronensaft, Schlagobers und der klein gehackten Minze in einem Standmixer fein pürieren. Die Suppe mit Salz und Pfeffer würzen und je nach gewünschter Konsistenz eventuell zusätzlich mit ein wenig Wasser verdünnen.
Die Suppe im Kühlschrank einige Stunden kalt stellen. Vor dem Servieren umrühren, in vorgekühlten Schalen anrichten und mit gehacktem Dill bestreuen.

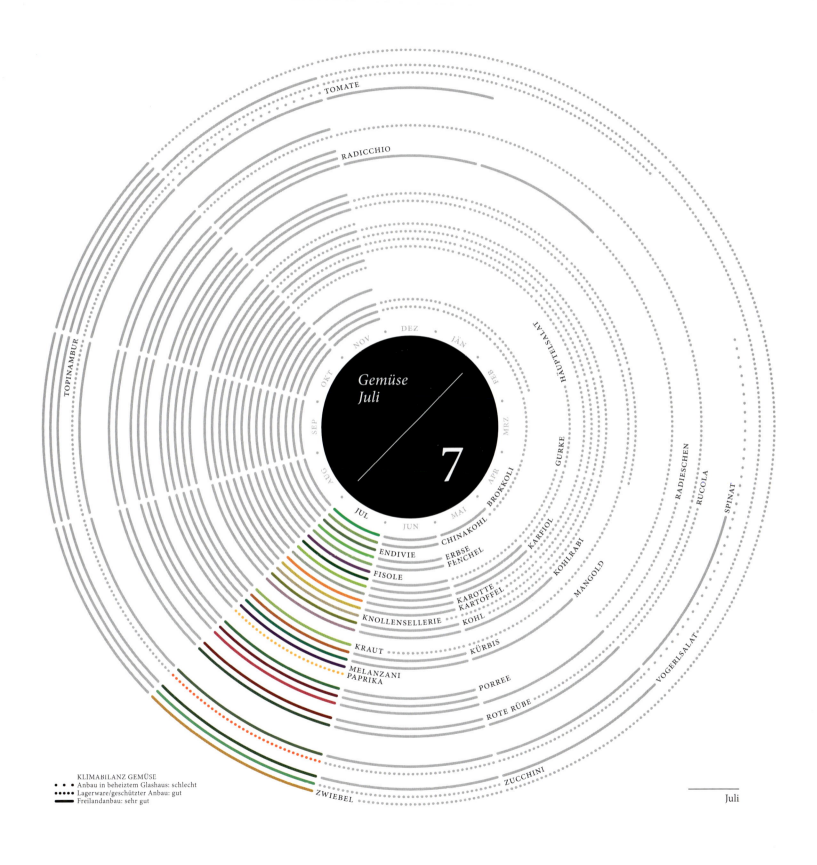

JUNI–AUGUST

Nusskuchen mit *Ribiseln*

12 TELLER

250 g	Rote Ribiseln
5	Eier
	Salz
150 g	weiche Butter plus etwas zum Einfetten
140 g	Staubzucker
50 g	Schokolade
100 g	geriebene Mandeln
100 g	geriebene Haselnüsse
½ TL	Natron
	Staubzucker zum Bestreuen

Dieser Kuchen schmeckt auch mit Kirschen oder Marillen sehr köstlich.

Den Backofen auf 160 °C Umluft vorheizen. Inzwischen die Ribiseln vorsichtig waschen, gut abtropfen lassen und von den Rispen lösen.

Die Eier trennen, das Eiklar mit 1 Prise Salz zu Eischnee schlagen und beiseitestellen. Die weiche Butter mit einem Mixer schaumig rühren. Nach und nach Zucker und Eigelbe hinzufügen und weitermixen, bis die Masse cremig ist. Die Schokolade reiben und mit Mandeln, Haselnüssen und dem Natron in die Eimasse rühren. Abschließend den Eischnee vorsichtig unter die Kuchenmasse heben.

Eine Springform (ø 26 cm) mit flüssiger Butter ausstreichen. Den Teig in der Kuchenform verteilen, glatt streichen und gleichmäßig mit den Ribiseln belegen. Im vorgeheizten Backofen ca. 45 Minuten backen, das Backrohr abschalten und den Kuchen weitere 5 Minuten im Ofen lassen. Wenn der Nusskuchen vollständig abgekühlt ist, kann er nach Belieben mit Staubzucker bestreut werden.

JULI–SEPTEMBER

Pastasalat mit *Pfirsich*

2–3 TELLER

300 g	Porree
2 EL	Rapsöl
450 g	gekochte Nudeln vom Vortag oder 225 g rohe Nudeln
2	Pfirsiche
125 g	Mozzarella
1	Handvoll frisches Basilikum
3 EL	Pinienkerne
3 EL	Olivenöl
3 EL	Weißweinessig
	Salz

Den Porree putzen, waschen, in feine Ringe schneiden und in wenig Rapsöl anschwitzen. Die Nudeln vom Vortag (z. B. Orecchiette, Farfalle, Penne) dazugeben und aufwärmen. Pfirsiche etwa 30 Sekunden in kochendes Wasser tauchen, die Haut mit einem Messer einritzen und abziehen. Pfirsiche der Länge nach halbieren und entkernen. Den Mozzarella in Würfel und die Pfirsiche in dünne Spalten schneiden. Basilikum waschen und trocken tupfen, einige Blätter beiseitelegen und den Rest klein hacken. Alle Zutaten in einer Schüssel vermengen.

In einer kleinen Pfanne die Pinienkerne ohne Öl unter Rühren anrösten. Olivenöl, Essig und etwas Salz verrühren und mit dem Nudelsalat vermengen. Abschmecken und bei Bedarf noch etwas nachsalzen. Auf tiefen Tellern anrichten. Mit den restlichen Basilikumblättern garnieren und geröstete Pinienkerne darüberstreuen. Am besten lauwarm servieren.

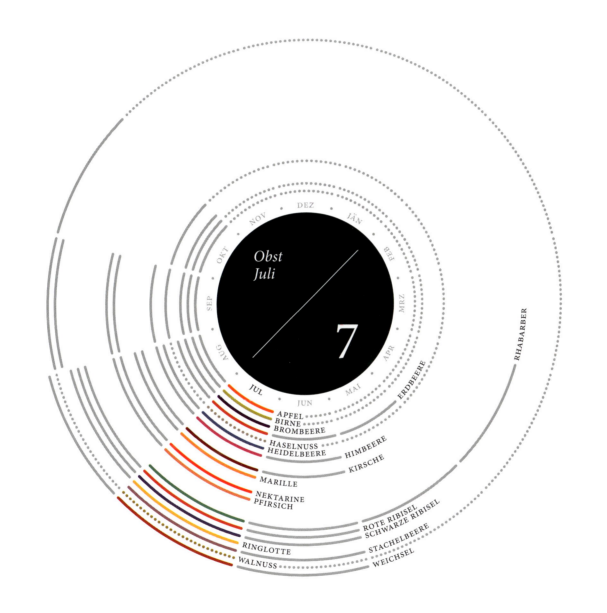

KLIMABILANZ OBST
Lagerware: gut
Freilandanbau: sehr gut

Juli

MAI–OKTOBER

Fleischbällchen in *Tomaten*-Sauce

2–3 TELLER

1 altbackene Semmel
 oder etwas hartes Baguette
300 g faschiertes Schweinefleisch
1 Ei
 Salz
½ TL Kardamom
½ TL Zimt
1 TL Kumin
500 g frische Tomaten
2 EL Olivenöl plus etwas zum Braten
120 g Hirse
1 Handvoll frische Petersilie

Wenn Hirse übrig bleibt, lässt sich daraus ein köstlicher Auflauf kreieren (siehe Rezept 1, Seite 100).

Die Semmel in Wasser einweichen, nach 5 Minuten gut ausdrücken und zerkleinern. Das Fleisch mit den Semmelstücken, dem Ei, 1 TL Salz und den Gewürzen vermischen. Dann mit befeuchteten Händen 18 Bällchen formen.
Für die Sauce die Tomaten mit heißem Wasser übergießen, mit einem Messer einschneiden, häuten und in kleine Stücke schneiden. In einem Topf das Olivenöl erhitzen, die Tomaten sowie 2 EL Wasser dazugeben und zugedeckt köcheln lassen. Nach Belieben salzen. Nach etwa 7 Minuten die Hitzezufuhr abschalten und die Restwärme zum Fertigkochen nutzen.
Die Hirse laut Packungsangabe zubereiten. Inzwischen in einer großen beschichteten Pfanne etwas Öl erhitzen und die Fleischbällchen darin auf allen Seiten scharf anbraten. Die Tomaten-Sauce über die Fleischbällchen geben und weitere 5 Minuten köcheln lassen. Vor dem Servieren mit etwas gehackter Petersilie bestreuen.

122

JULI–OKTOBER

Melanzani-Tofu-Pfanne

2–3 TELLER

1 Melanzani
300 g Tofu
100 g Porree
1 Zwiebel
4 EL Rapsöl
¼ TL weißer Pfeffer
½ TL Kurkuma
 Salz
3 EL Rosinen
150 g Couscous
1 Handvoll frisches Basilikum

Die Melanzani waschen und den Stielansatz entfernen. Melanzani und Tofu in etwa 1 cm große Würfel schneiden. Porree putzen, waschen und in breite Ringe schneiden. Die Zwiebel schälen und in grobe Stücke schneiden.
In einer Pfanne 2 EL Rapsöl erhitzen und die Zwiebeln darin goldbraun anschwitzen. Porree untermischen und ebenfalls andünsten. Das Gemüse aus der Pfanne nehmen und beiseitestellen.
Das restliche Rapsöl erhitzen. Die Melanzaniwürfel unter Rühren darin etwa 7 Minuten scharf anbraten, bis sie etwas geschrumpft sind. Mit weißem Pfeffer, Kurkuma und Salz würzen. Tofuwürfel und Rosinen dazugeben und weitere 10 Minuten schmoren lassen.
Den Couscous laut Packungsangabe zubereiten. Porree und Zwiebel wieder in die Pfanne geben und erhitzen. Basilikumblätter waschen, trocken tupfen, unter den Tofu-Gemüse-Eintopf mischen und bei Bedarf nachsalzen.

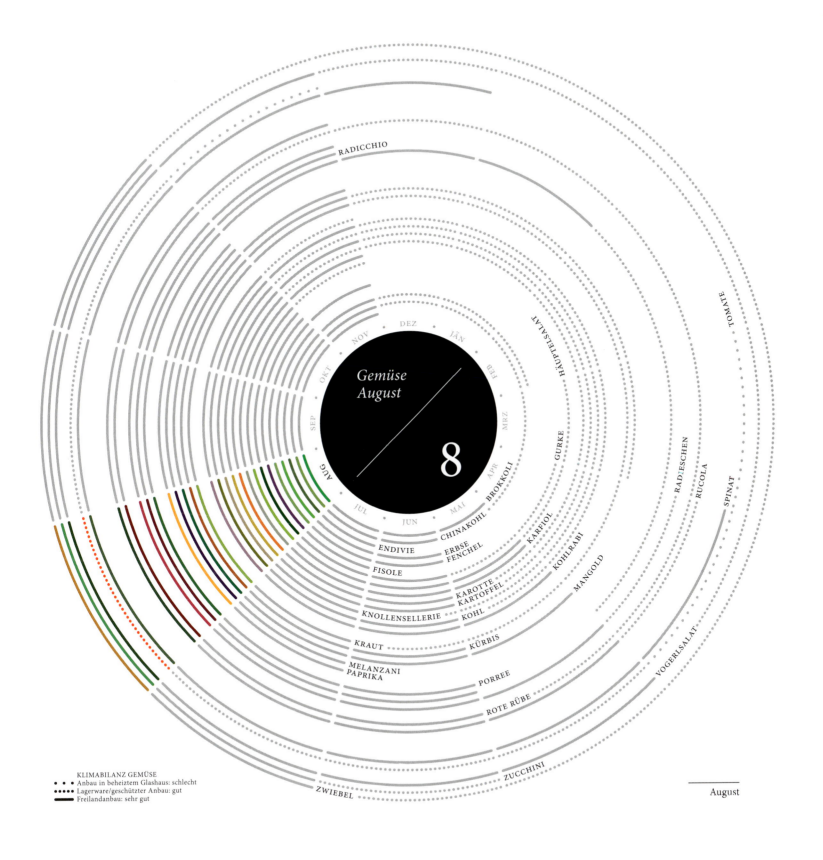

JULI–AUGUST

Marillen-Knödel mit Zimtbröseln

6 KNÖDEL

500 g mehligkochende Kartoffeln
125 g Mehl
Salz
1 Ei
2 EL Butter
6 Marillen
6 Zuckerwürfel
70 g Semmelbrösel
1 TL Zimt
Staubzucker

Die Kartoffeln abbürsten und ungeschält in einem Dampf-kochtopf kochen. Heiß schälen und durch eine Kartoffelpresse drücken. Die Kartoffelmasse mit Mehl, 1 Prise Salz, dem Ei und 1 EL Butter vermengen und rasch zu einem Teig verarbeiten. Nicht zu lange kneten!

Marillen waschen, bis zur Hälfte aufschneiden und die Kerne entfernen. Jede Marille mit einem Zuckerwürfel füllen. Den Teig zu einer Rolle formen und in 6 gleich große Stücke aufteilen. Jedes Teigstück zu einer flachen Scheibe drücken und damit eine Marille umhüllen. Die Knödel zwischen den Handflächen rollen und dabei rund formen. Die Marillen-Knödel etwa 10 Minuten in leicht wallendem Salzwasser kochen lassen. Herausnehmen und abtropfen lassen.

Restliche Butter zerlassen. Semmelbrösel und Zimt dazugeben, unter ständigem Rühren goldbraun anrösten und nach Belieben süßen. Knödel in den Bröseln schwenken und mit Staubzucker bestreuen.

Dieses Rezept lässt sich im September und Oktober alternativ mit Zwetschken zubereiten.

JULI–AUGUST

Pancakes mit *Heidelbeeren*

1–3 TELLER

100 g Heidelbeeren
1 Ei
Salz
70 ml Milch
70 g Buchweizenmehl
1 Msp. Natron
1 EL Staubzucker
1 TL Butter zum Backen
Honig zum Verfeinern

Heidelbeeren waschen, gut abtropfen lassen und beiseite-stellen. Das Ei trennen und das Eiweiß mit 1 Prise Salz zu Eischnee schlagen.

Milch und Eigelb in einer Schüssel verquirlen. Mit einem Handmixer Buchweizenmehl, Natron und Staubzucker unterrühren. Abschließend den Eischnee vorsichtig mit einem Löffel unterheben.

In einer großen beschichteten Pfanne die Butter zerlassen. Den Teig in drei Portionen aufteilen, portionsweise in die Pfanne geben, Heidelbeeren darauf verteilen und die Pancakes von beiden Seiten goldbraun ausbacken.

Am besten schmecken die Pancakes warm mit ein wenig Honig serviert.

124

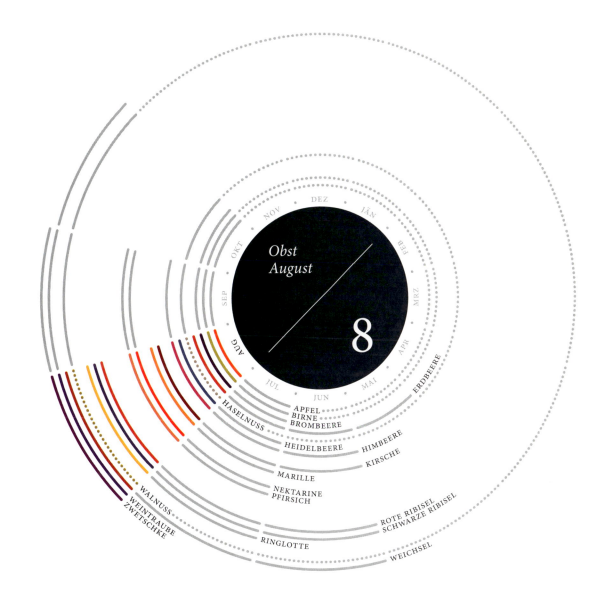

KLIMABILANZ OBST
..... Lagerware: gut
——— Freilandanbau: sehr gut

August

Rezepte September 9

JULI–OKTOBER

Eintopf mit grünen *Fisolen*

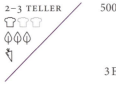

2–3 TELLER

500 g grüne Fisolen
4 Tomaten
1 Zwiebel
2 Knoblauchzehen
3 EL Rapsöl
Salz, Pfeffer
¼ Bund frische Petersilie
2 EL Sauerrahm

Der Eintopf kann auch in einem gewöhnlichen Kochtopf zubereitet werden, allerdings verlängert sich dann die Garzeit.

Die Fisolen waschen, die Enden abschneiden und die Fisolen in 3 cm große Stücke schneiden. Die Tomaten mit heißem Wasser übergießen, mit einem scharfen Messer einschneiden und häuten. Dann die gehäuteten Tomaten in kleine Stücke schneiden. Die Zwiebel schälen und in Würfel schneiden. Die Knoblauchzehen schälen.
Im Schnellkochtopf das Rapsöl erhitzen und die Zwiebeln darin glasig anschwitzen. Fisolen und Tomaten dazugeben. Die Knoblauchzehen dazupressen, alles mit Salz und Pfeffer würzen. Das Gemüse im Dampfkochtopf unter Druck mit etwa 150 ml Wasser ca. 13 Minuten kernig weich dämpfen. Die Petersilie waschen, trocken schütteln, fein hacken und zum Gemüse geben. Nochmals abschmecken und mit Sauerrahm verfeinern. Als Beilage eignen sich Petersilienkartoffeln oder Polenta.

128

JULI–OKTOBER

Gnocchi mit bunter *Paprika*

2–3 TELLER

500 g mehligkochende Kartoffeln
125 g Mehl
1 Ei
Salz
1 rote Zwiebel
je 1 rote, gelbe und grüne Paprika
1 Knoblauchzehe
1 Handvoll frisches Basilikum
1 Rosmarinzweig
3 EL Olivenöl
1 EL Butter
Parmesan

Die Kartoffeln abbürsten und ungeschält in einem Dampfkochtopf kochen. Noch heiß schälen und durch eine Kartoffelpresse drücken. Kartoffelmasse mit Mehl, dem Ei und ½ TL Salz vermengen und rasch zu einem Teig verarbeiten. Falls der Teig zu klebrig ist, zusätzlich etwas Mehl einarbeiten. Den Teig in 8 Stücke teilen und auf einer bemehlten Unterlage zu daumendicken Teigrollen formen. Mit dem Messer 1 cm breite Stücke abschneiden.
Zwiebel schälen und klein würfeln. Paprika waschen, putzen und in mundgerechte Stücke schneiden. Die Knoblauchzehe schälen und fein hacken. Basilikum und Rosmarin waschen, trocken schütteln und fein hacken. In einer großen Pfanne das Olivenöl erhitzen, die Zwiebeln darin anschwitzen. Die Paprikastücke dazugeben und alles noch bissfest schmoren lassen. Knoblauch und die Kräuter dazugeben und mit Salz abschmecken. Die Gnocchi in leicht wallendem Salzwasser 3–4 Minuten kochen. Vereinzelt mit Butterflöckchen belegen und mit frisch geriebenem Parmesan servieren.

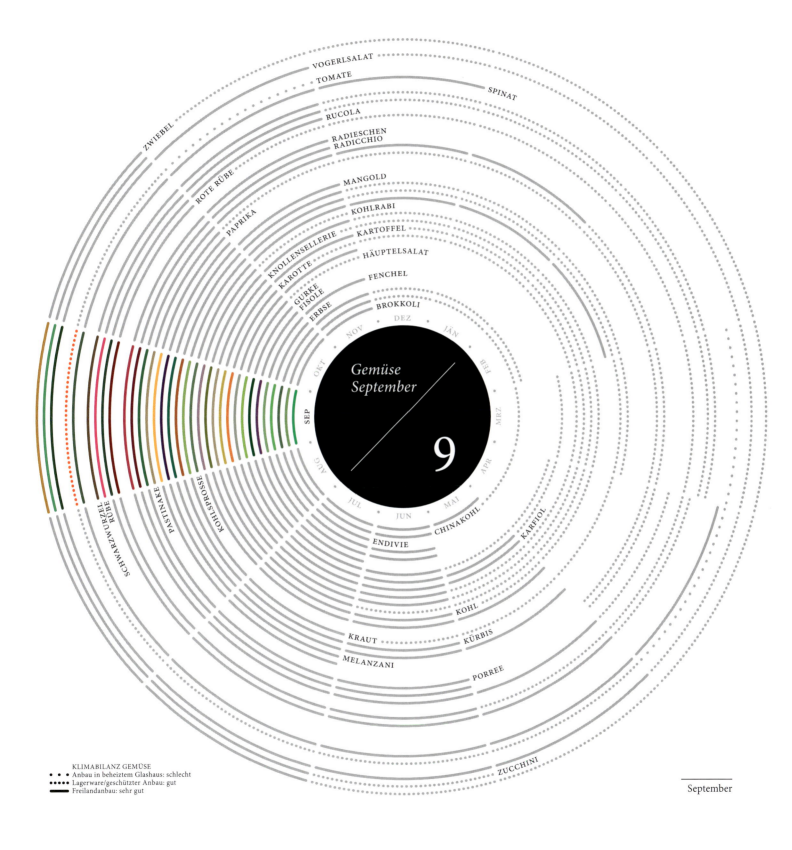
September

AUGUST–SEPTEMBER

Zwetschken-Tarte mit Topfenteig

12 TELLER

100 g Vollkorn-Dinkelmehl
70 g kalte Butter plus etwas zum Karamellisieren und Einfetten
50 g Staubzucker
250 g Magertopfen
Salz
500 g Zwetschken
2 EL Kristallzucker
1 TL Zimt
2 cl Sherry

Den Backofen auf 175 °C Umluft vorheizen.
Für den Kuchenboden das Mehl in eine Schüssel sieben. Die Butter mit einem Messer in Flöckchen dazuschaben. Staubzucker, Topfen und 1 Prise Salz hinzugeben und alles rasch zu einem Teig verarbeiten.
Eine gefettete Tarteform (ø 26 cm) dünn mit Teig auslegen. Den Teigboden mehrmals mit einer Gabel einstechen und etwa 10 Minuten im Ofen goldbraun backen.
In der Zwischenzeit die Zwetschken waschen, vierteln und entkernen. In einer Pfanne 1 TL Butter zerlassen. Kristallzucker einstreuen und unter ständigem Rühren karamellisieren lassen. Die Zwetschkenstücke in die Pfanne geben und mit Zimt verfeinern. 3–5 Minuten weich dünsten und nach Belieben mit etwas Sherry ablöschen.
Den vorgebackenen Boden dicht mit den Zwetschken auslegen und nochmals 30 Minuten in den Ofen geben.

JULI–SEPTEMBER

Grießflammerie mit pochiertem Pfirsich

2–3 TELLER

2 reife Pfirsiche
3 EL Kristallzucker
½ Zimtstange
500 ml Milch
Salz
1 Msp. gemahlener Kardamom
60 g Grieß
1 EL gehackte Pistazien

Die Pfirsiche kreuzförmig einritzen, kurz in kochendes Wasser tauchen, mit kaltem Wasser abschrecken und die Haut abziehen. Dann halbieren und die Kerne entfernen. 125 ml Wasser erhitzen, 2 EL Zucker und die halbe Zimtstange hinzufügen. Pfirsiche je nach Reifegrad abgedeckt etwa 7 Minuten bissfest garen. Unbedingt darauf achten, dass das Obst nicht zerkocht. Die Pfirsiche herausnehmen und in kleine Stücke schneiden.
Milch mit 1 Prise Salz, 1 EL Zucker und Kardamom behutsam erhitzen. Beginnt die Milch zu köcheln, die Temperatur reduzieren, den Grieß unter ständigem Rühren langsam einrieseln lassen und etwa 5 Minuten fertig quellen lassen. Den Grießbrei in Schälchen füllen und mit den noch warmen pochierten Pfirsichen anrichten. Etwas Pfirsichsaft darüberträufeln und mit gehackten Pistazien bestreuen.

130

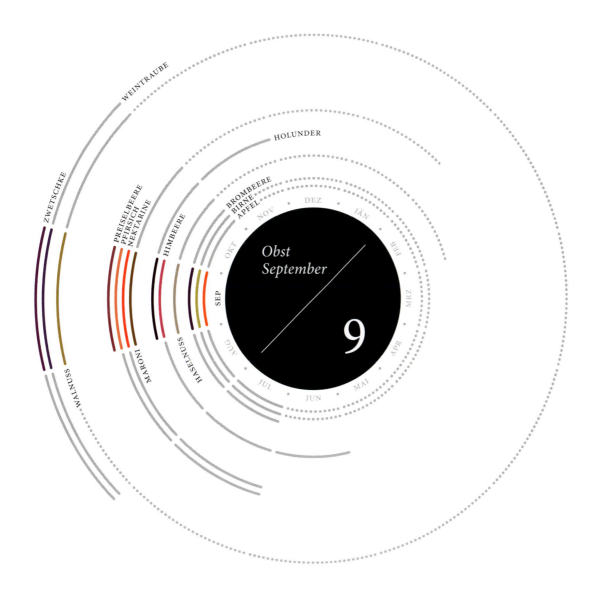

KLIMABILANZ OBST
••••• Lagerware: gut
——— Freilandanbau: sehr gut

September

Rezepte
Oktober

10

JULI–OKTOBER

Amurfilet mit Schmorgemüse und *Karotten*-Püree

2 TELLER

2 Amurfilets
Salz
1 rote Zwiebel
2 rote Paprika
7 Cocktailtomaten
je 250 g Karotten und Kartoffeln
50 ml Kokosmilch
2 EL Olivenöl
1 Rosmarinzweig
1 Knoblauchzehe
80 ml Weißwein
1 TL gerösteter Sesam

Fischfilets abspülen, trocken tupfen und salzen. Zwiebel schälen, Paprika putzen und waschen, Cocktailtomaten waschen und alles in mundgerechte Stücke schneiden. Karotten und Kartoffeln schälen, klein schneiden und in reichlich Salzwasser weich kochen. Das Wasser abgießen und die Kokosmilch hinzugeben. Das Karotten-Kartoffel-Gemüse mit einem Pürierstab fein pürieren und mit etwas Salz abschmecken.

In einer Pfanne das Olivenöl erhitzen. Das Gemüse darin anschwitzen, Rosmarin und eine gepresste Knoblauchzehe hinzugeben. Das Gemüse beiseiteschieben, die Fischfilets in die Pfanne geben und beidseitig kurz anbraten. Mit Salz würzen und mit Wein ablöschen. Bei geschlossenem Deckel einige Minuten schmoren lassen, bis die Filets fast gar sind. Den Deckel abnehmen und die Flüssigkeit einkochen lassen. Die Fischfilets mit dem Gemüse und dem Püree auf Tellern anrichten. Das Püree mit geröstetem Sesam bestreuen.

SEPTEMBER–MÄRZ

Cremige *Knollensellerie*-Suppe

5–6 TELLER

350 g mehligkochende Kartoffeln
500 g Knollensellerie
1 Pastinake
3 mittelgroße, säuerliche Äpfel
1 EL Butter
700 ml Gemüsebrühe
400 ml Milch
Salz, Pfeffer
2 EL Schlagobers

Kartoffeln, Sellerie, Pastinake sowie zwei Äpfel schälen und in kleine Stücke schneiden. Die Butter in einem Topf erhitzen und das Gemüse darin anschwitzen. Mit Brühe aufgießen und abgedeckt etwa 20 Minuten leicht köcheln lassen, bis das Gemüse gar ist.

Für die Suppeneinlage den übrigen Apfel schälen, klein würfeln und in einer kleinen Pfanne ohne Öl bissfest garen. Die Milch zur Suppe geben und mit einem Stabmixer fein pürieren. Mit Salz und Pfeffer abschmecken und mit etwas Schlagobers verfeinern. Je nach gewünschter Konsistenz gegebenenfalls mit etwas Wasser verdünnen.

Die Knollensellerie-Suppe mit den gedünsteten Apfelstückchen als Einlage anrichten.

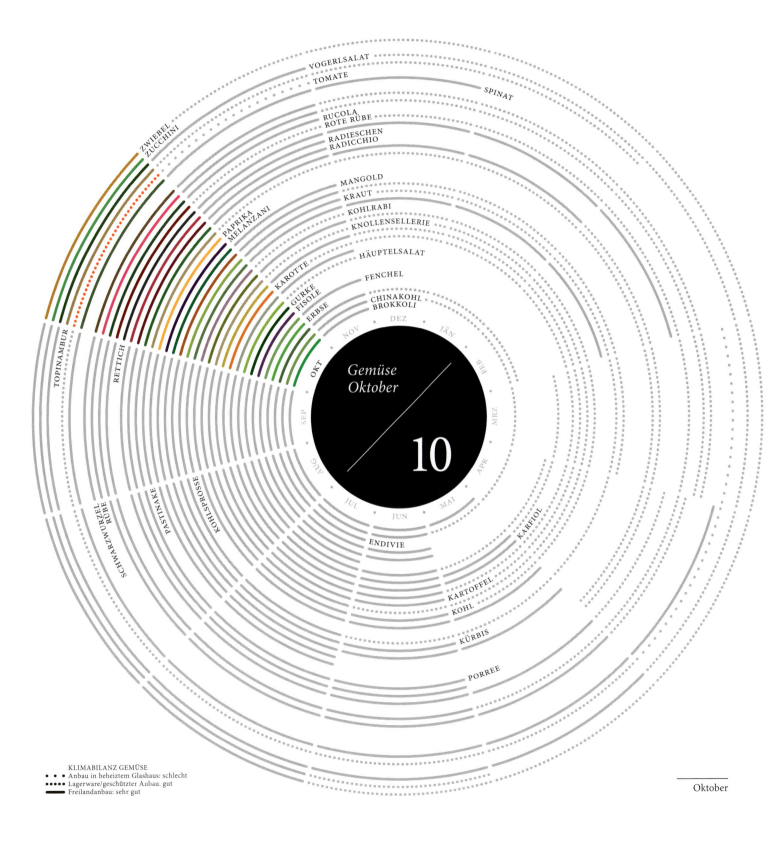

OKTOBER–NOVEMBER

Polentaschmarren mit *Quitten*-Ragout

2–3 TELLER

125 ml	Milch
	Salz
75 g	Maisgrieß
1	Ei
1	Quitte
1	Sternanis
1 EL	Honig
1 EL	Kristallzucker
1 EL	Butter

Dieses Gericht kann man entweder als süßes Hauptgericht, als Nachspeise oder auch zum Frühstück reichen.

In einem Topf die Milch mit 125 ml Wasser und 1 Prise Salz zum Kochen bringen. Den Maisgrieß einrieseln und unter Rühren eindicken lassen. Das Ei trennen und das Eigelb unter die Polenta rühren. Die Masse beiseitestellen und abkühlen lassen.

Inzwischen für das Ragout eine Quitte schälen, entkernen und in kleine Würfel schneiden. Quitten und Sternanis in einen kleinen Topf geben, mit Wasser bedecken und etwa 7 Minuten weich dünsten. Quittenstücke herausnehmen, den Saft mit Honig süßen und je nach gewünschter Konsistenz ohne Deckel weiter einkochen.

Das Eiweiß mit dem Zucker zu Eischnee schlagen und unter die Polenta heben. In einer Pfanne die Butter erhitzen und die Polentamasse darin verteilen. Sobald der Schmarren an der Unterseite goldbraun ist, diesen wenden und mit einem Kochlöffel zerteilen. Den Polentaschmarren fertig braten und mit Quitten-Ragout anrichten.

AUGUST–OKTOBER

Fruchtiger Blattsalat mit *Weintrauben*

2–3 TELLER

5 EL	Apfelessig
3 EL	Olivenöl
1 TL	Honig
1 TL	Senf
	Salz
80 g	Vogerlsalat
80 g	Radicchio
2	Handvoll Weintrauben
2	Karotten
2 EL	gehackte Walnüsse
2 EL	Sonnenblumenkerne

Für das Dressing Apfelessig, Olivenöl, Honig, Senf und Salz gut vermischen. Am besten die Zutaten in einem kleinen Schraubglas anrühren und schütteln.

Salate waschen, trocken schleudern und in mundgerechte Stücke zupfen. Die Weintrauben waschen, halbieren und die Kerne nach Wunsch entfernen. Karotten schälen, der Länge nach teilen und in schräge Streifen schneiden.

In einer Schüssel alle Salatzutaten gut mit dem Dressing vermengen. Auf großen Tellern anrichten und mit Walnüssen und Sonnenblumenkernen bestreuen.

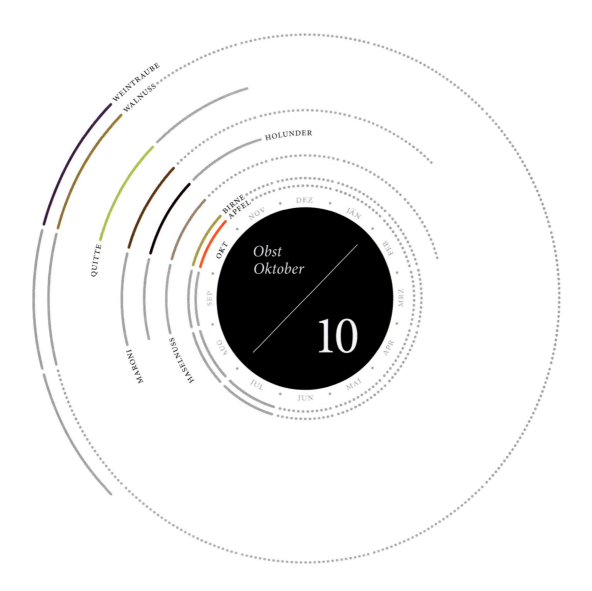

KLIMABILANZ OBST
••••• Lagerware: gut
——— Freilandanbau: sehr gut

Oktober

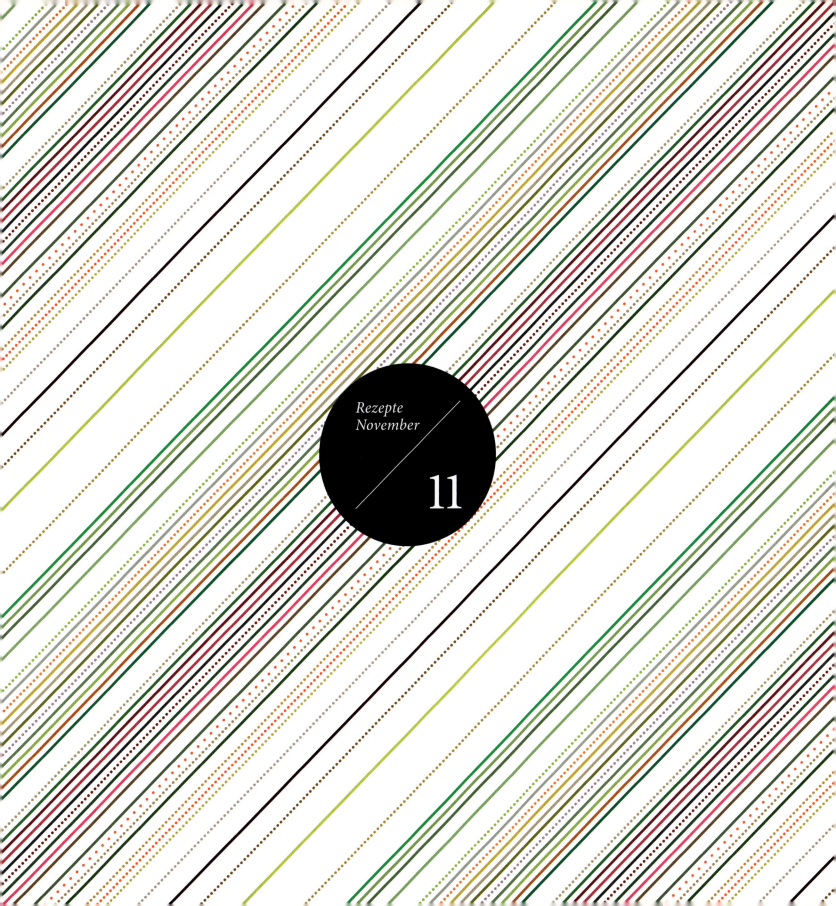

Rezepte November

11

JUNI–NOVEMBER

Kürbis-Pizza mit Feta

3–6 TELLER

400 g Vollkorn-Dinkelmehl
7 g Trockenhefe
Salz
2 rote Zwiebeln
½ Hokkaido-Kürbis
Mehl und Öl fürs Backblech
3 EL Sauerrahm
100 g Feta
Pfeffer
1 Rosmarinzweig
60 g Rucola

Für den Pizzateig Mehl, Hefe und 1 TL Salz mit 260 ml lauwarmem Wasser zu einem glatten Teig verarbeiten. Wenn der Teig zu feucht ist, diesen mit etwas Mehl bestreuen. Den Teig an einem warmen Ort ca. 20 Minuten gehen lassen. Nochmals durchkneten und weitere 10 Minuten ruhen lassen. Den Backofen auf 200 °C Umluft vorheizen.
Die Zwiebeln schälen und in feine Ringe schneiden. Den Hokkaido-Kürbis waschen, halbieren, entkernen und in dünne Streifen schneiden.
Ein Backblech mit Öl bepinseln und mit Mehl bestäuben. Den Teig gleichmäßig darauf verteilen, mit Sauerrahm bestreichen und mit Kürbisstreifen und Zwiebelringen belegen. Feta auf der Pizza zerbröseln, mit Salz und Pfeffer würzen und mit fein gehacktem Rosmarin bestreuen. Die Pizza etwa 17 Minuten goldbraun backen. Den Rucola waschen, trocken schleudern, auf der Pizza verteilen und heiß servieren.

JUNI–MÄRZ

Karfiol-Curry

2–3 TELLER

250 g Kartoffeln
500 g Karfiol
1 Zwiebel
2 Knoblauchzehen
1 TL schwarze Senfkörner
2 EL Rapsöl
Salz, Pfeffer
2 TL Ingwerpulver
je ½ TL Kurkuma und Chilipulver
je ½ TL Garam Masala und Kumin
150 ml Kokosmilch

Kartoffeln schälen und in mundgerechte Würfel schneiden. Karfiol waschen und in Röschen zerteilen. Die Zwiebel schälen, halbieren und in feine Streifen schneiden. Die Knoblauchzehen schälen und fein hacken.
In einem Topf die Senfkörner ohne Öl anrösten, bis sie zu springen beginnen. Rapsöl, Zwiebelringe sowie Knoblauch dazugeben und weich dünsten. Anschließend Kartoffeln, Karfiol, Salz, Pfeffer und restliche Gewürze unterrühren und mit 250 ml Wasser aufgießen. Abgedeckt bei niedriger Hitze 15–20 Minuten leicht köcheln lassen, bis die Kartoffeln gar sind. Dabei regelmäßig umrühren.
Kokosmilch hinzufügen, nochmals kurz aufkochen lassen und gegebenenfalls ein wenig nachsalzen.

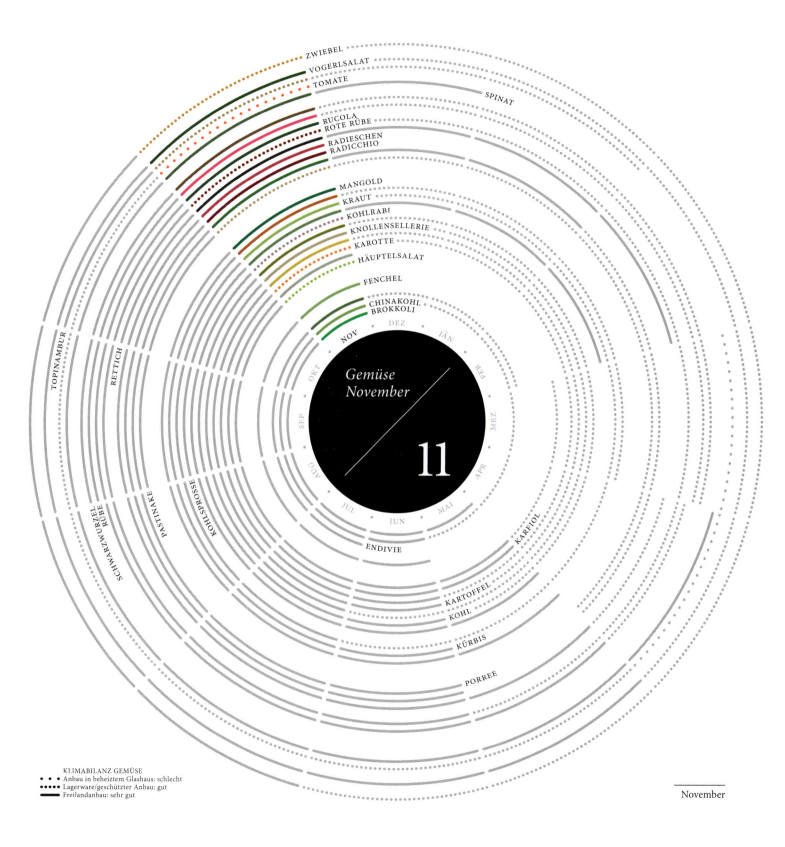

November

OKTOBER–NOVEMBER

Lammeintopf mit *Quitte*

2–3 TELLER

100 g	getrocknete Kichererbsen
2	Zwiebeln
3 EL	Rapsöl
100 g	Lammfleisch (z. B. Keule)
1 TL	Kurkuma
je 1½ TL	Ingwerpulver und Zimt
1	Quitte
2 TL	Honig
	Salz, Pfeffer
120 g	Hirse
1 TL	Butter zum Verfeinern
1 EL	Mandelblättchen

Als Beilage passen alternativ Kartoffeln oder auch Couscous.

Kichererbsen über Nacht in kaltem Wasser einweichen. Am nächsten Tag durch ein Sieb schütten, gründlich abspülen und gut abtropfen lassen. Die Zwiebeln schälen, eine in kleine Würfel, die andere in feine Streifen schneiden. In einem Dampfkochtopf etwas Rapsöl erhitzen. Die Zwiebeln darin anschwitzen. Das Fleisch putzen, in mundgerechte Stücke schneiden und anbraten. Kichererbsen und Gewürze dazugeben und mit 400 ml Wasser aufgießen. Unter Druck etwa 20 Minuten köcheln lassen.
Die Quitte waschen, entkernen, in sehr kleine Stücke schneiden und zum Fleisch geben. Weitere 10–12 Minuten offen bei kleiner Flamme köcheln lassen. Bei Bedarf noch etwas Wasser nachgießen. Den Honig unterrühren und mit Salz und Pfeffer abschmecken.
Die Hirse laut Packungsangabe zubereiten und mit Butter verfeinern. Lammeintopf und Hirse anrichten und mit gerösteten Mandelblättchen bestreuen.

SEPTEMBER–NOVEMBER

Herbstsalat mit Hokkaido und gerösteten *Haselnüssen*

2–3 TELLER

½	Hokkaido-Kürbis
½ TL	ganzer Koriander
½ TL	Fenchelsamen
	Salz
2 EL	Zitronensaft
2 EL	Olivenöl
60 g	Rucola
60 g	junger Blattspinat
1 Handvoll	Haselnüsse
2 EL	Walnussöl
5 EL	Balsamico-Essig
70 g	Feta

Den Backofen auf 180 °C Umluft vorheizen. Den ungeschälten, gewaschenen Hokkaido-Kürbis in 2 cm breite Spalten schneiden und diese in eine ofenfeste Glasform geben. Koriander und Fenchelsamen in einem Mörser zerstoßen. Den Kürbis salzen, mit Zitronensaft und Öl beträufeln und mit den Gewürzen bestreuen. Etwa 30–40 Minuten im Ofen schmoren lassen, bis sich eine Kruste bildet.
Rucola und Blattspinat waschen, trocken schleudern und in kleine Stücke zupfen. Die Haselnüsse halbieren und in einer Pfanne ohne Fett anrösten, bis sie duften.
Für das Dressing Walnussöl, Balsamico-Essig und Salz verrühren. Den Salat gut mit der Marinade vermengen und auf Tellern verteilen. Den warmen Kürbis darauf anrichten. Den Feta darüberbröseln und mit den Haselnüssen bestreuen.

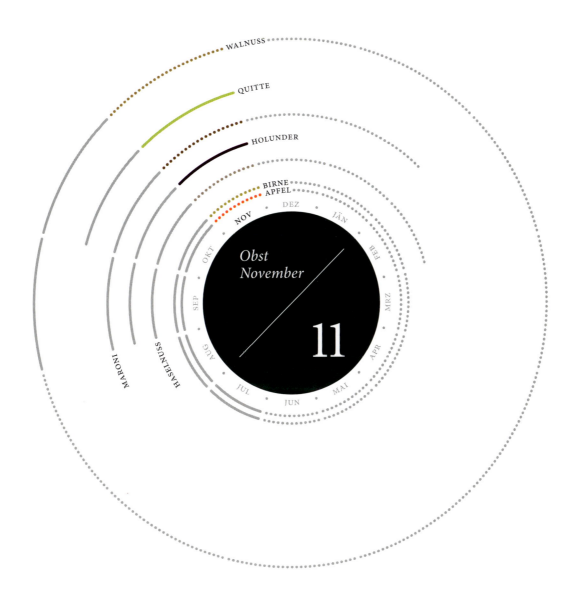

KLIMABILANZ OBST
••••• Lagerware: gut
─── Freilandanbau: sehr gut

November

Rezepte Dezember / 12

JUNI–MÄRZ

Linsentaler mit *Kohl*-Gemüse

OKTOBER–DEZEMBER

Topinambur-Suppe

3–4 TELLER

je 70 g grüne und rote Linsen
½ kleiner Kohlkopf (ca. 400 g)
1 Zwiebel
2 EL Rapsöl plus etwas zum Braten
30 g Rosinen
½ TL ganzer Kümmel
2 Knoblauchzehen
Salz, Butter
20 g Sonnenblumenkerne
40 g Haferflocken
40 g Vollkorn-Dinkelgrieß
1 Ei
Sesam

3–4 TELLER

500 g Topinambur
1 Zwiebel
2 EL Rapsöl
600 ml Wasser oder Gemüsebrühe
Salz, Pfeffer
100 ml Kokosmilch

Zu diesem Linsengericht passt selbst gemachter Joghurt-Knoblauch-Dip (siehe Rezept 1, Seite 92) sehr gut.

Grüne und rote Linsen laut Packungsangabe abgedeckt bei mittlerer Hitze weich garen. Restliches Wasser abgießen, abtropfen und gut abkühlen lassen.
Vom Kohlkopf die äußeren Blätter und den Strunk entfernen. Den Kohl in feine Streifen schneiden, waschen und gut abtropfen lassen. Die Zwiebel schälen und in kleine Würfel schneiden. In einer großen Pfanne 2 EL Öl erhitzen. Zwiebeln und Rosinen darin anschwitzen. Kohl, Kümmel und eine gehackte Knoblauchzehe untermischen, mit Salz abschmecken, abgedeckt ca. 20 Minuten weich dünsten und mit Butter verfeinern. Die Hälfte der gekochten Linsen fein pürieren und mit Sonnenblumenkernen, Haferflocken, Dinkelgrieß, einer gepressten Knoblauchzehe und den restlichen Linsen mischen. Mit Salz würzen und das Ei unterrühren. In einer Pfanne etwas Öl erhitzen. Mit befeuchteten Händen aus der Masse 12 runde Taler formen. Diese mit Sesam bestreuen und beidseitig knusprig anbraten.

Topinamburknollen waschen, schälen und grob raspeln. Die Zwiebel schälen und in Würfel schneiden. In einem Topf ein wenig Öl erhitzen und die Zwiebeln darin goldbraun anschwitzen. Dann das geriebene Gemüse hinzugeben und unter Rühren einige Minuten anschwitzen.
Mit Wasser oder Gemüsebrühe aufgießen und abgedeckt 15–20 Minuten weich kochen. Die Suppe mit einem Pürierstab oder mithilfe einer Küchenmaschine fein pürieren. Nach Belieben mit Salz und etwas frisch gemahlenem Pfeffer abschmecken. Die Kokosmilch hinzugeben. Die Suppe gegebenenfalls mit etwas Wasser verdünnen und nochmals kurz aufkochen lassen.

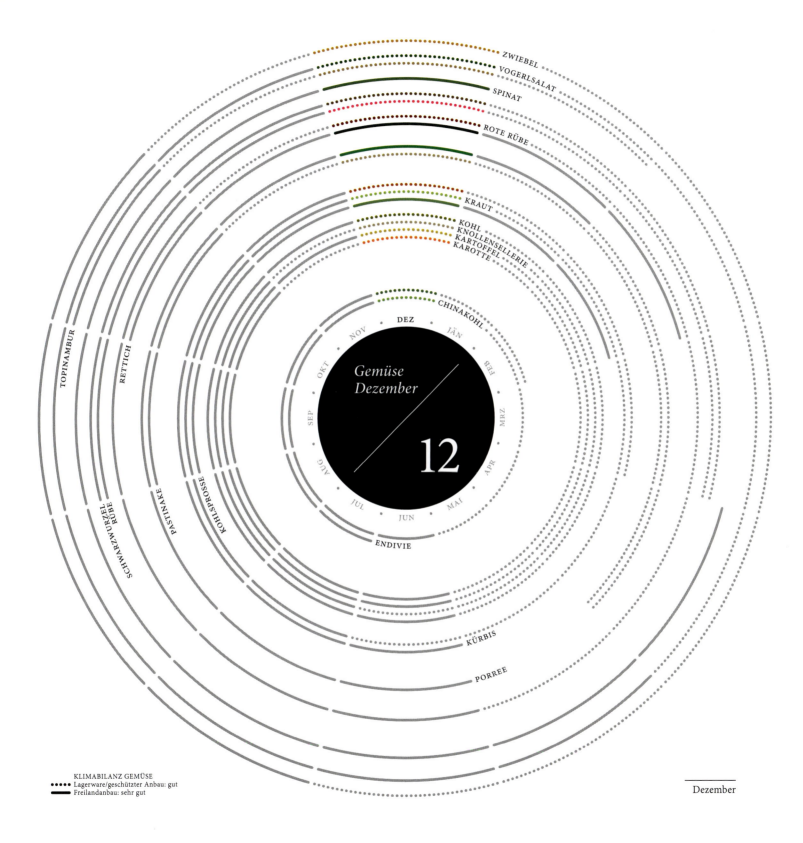

SEPTEMBER–DEZEMBER

Maroni-Suppe

JULI–MÄRZ

Fruchtiger Waldorfsalat mit *Apfel*

2–3 TELLER

300 g	ungeschälte Maroni
½	Zwiebel
1 EL	Butter
100 ml	trockener Weißwein
350 ml	Hühnerbrühe
1	Lorbeerblatt
3	Wacholderbeeren
	Salz, Pfeffer
50 ml	Schlagobers

3–4 TELLER

200 g	Knollensellerie
2	Karotten
2	säuerliche Äpfel (z. B. Boskop)
1	Zitrone
200 g	Naturjoghurt
3 EL	Sauerrahm
1 EL	Sonnenblumenöl
	Salz
30 g	Walnusskerne
1 EL	Sonnenblumenkerne

Maroni waschen und auf der gewölbten Seite mit einem scharfen Messer kreuzweise einschneiden. Die Maroni etwa 10 Minuten in kochendem Wasser kochen. Das Wasser abgießen und die Maroni noch heiß schälen.
Die Zwiebel schälen und in feine Würfel schneiden. In einem Topf die Butter erhitzen und die Zwiebeln darin glasig anschwitzen. Die geschälten Maroni dazugeben und ebenfalls kurz anschwitzen. Mit Weißwein aufgießen und kurz schmoren lassen. Hühnerbrühe, Lorbeerblatt und Wacholderbeeren dazugeben. Die Suppe etwa 10 Minuten bei kleiner Hitze köcheln lassen, bis die Maroni weich sind. Lorbeerblatt und Wacholderbeeren entfernen, die Suppe mit Salz und Pfeffer würzen und anschließend fein pürieren. Mit wenig Schlagobers verfeinern, nochmals kurz aufkochen lassen und eventuell etwas nachwürzen. Je nach gewünschter Konsistenz mit etwas Brühe verdünnen.

Sellerie, Karotten und Äpfel schälen und mit einer Reibe fein raspeln. Damit sich der geriebene Apfel nicht braun verfärbt, diesen gleich mit dem Saft einer Zitrone beträufeln. Joghurt, Sauerrahm und Sonnenblumenöl verrühren und mit der Sellerie-Karotten-Apfel-Mischung vermengen. Nach Belieben mit Salz abschmecken.
Walnusskerne mit einem Messer klein hacken. Den Salat auf kleine Schüsseln verteilen und mit den gehackten Nüssen und Sonnenblumenkernen bestreuen. Den Waldorfsalat bis zum Servieren im Kühlschrank kalt stellen.

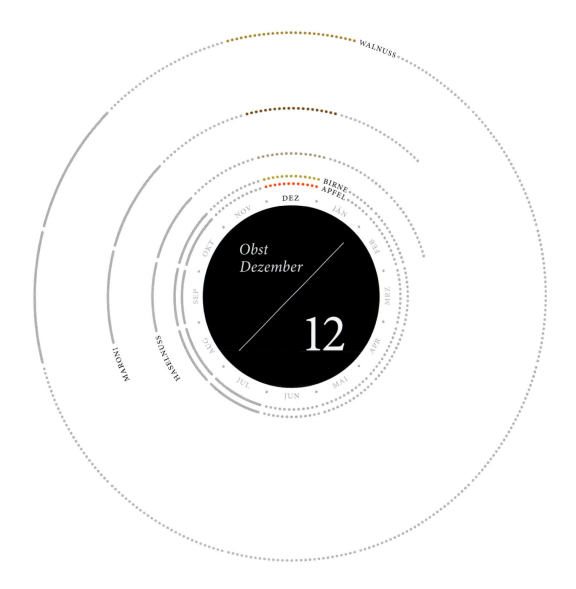

KLIMABILANZ OBST
••••• Lagerware: gut
—— Freilandanbau: sehr gut

Dezember

150

GLOSSAR

Österreichisch – Deutsch – Schweizerdeutsch

Gibt es in Deutschland Kohl, so kommt in Österreich Kraut auf den Teller. Kocht ein Österreicher allerdings mit Kohl, wird dieser in Deutschland und in der Schweiz Wirsing genannt. Deshalb findet man hier für eine bessere Verständlichkeit Begriffe, die im deutschen Sprachraum unterschiedliche Bezeichnungen haben.

Erbse
Grüne Erbse (D)

Faschiertes
Hackfleisch (D), Gehacktes (CH)

Fisole
Grüne Bohne/Buschbohne (D), Bohne (CH)

Häuptelsalat
Kopfsalat (D, CH)

Heidelbeere
Blaubeere (D)

Holunder
Fliederbeere (D)

Karfiol
Blumenkohl (D, CH)

Karotte
Möhre (D)

Kohl
Wirsing (D, CH)

Kohlsprosse
Rosenkohl (D, CH)

Rot-/Weißkraut
Rot-/Weißkohl (D, CH)

Mangold
Kraustiel (CH)

 Marille
Aprikose (D, CH)

 Maroni
Marone (D)

 Melanzani
Aubergine (D, CH)

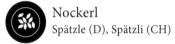 Nockerl
Spätzle (D), Spätzli (CH)

Porree
Lauch (D, CH)

 Ribisel
Johannisbeere (D, CH)

 Ringlotte
Mirabelle (D, CH)

 Rollgerste
Graupen (D)

 Rote Rübe
Rote Bete (D), Rande (CH)

 Rucola
Rauke (D)

 Rübe
Steckrübe (D)

 Sauerrahm
Saure Sahne (D)

 Schlagobers
Sahne (D), Rahm (CH)

 Semmel
Brötchen (D, CH)

 Semmelbrösel
Paniermehl (D, CH)

 Sieb
Nudelsieb (D)

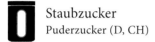 Staubzucker
Puderzucker (D, CH)

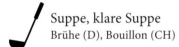 Suppe, klare Suppe
Brühe (D), Bouillon (CH)

 Topfen
Quark (D, CH)

 Walnuss
Baumnuss (CH)

 Weichsel
Sauerkirsche (D, CH)

 Vogerlsalat
Feldsalat (D), Nüsslisalat (CH)

 Zwetschke
Pflaume (D, CH)

REZEPTE FÜR DIE ZUKUNFT

Fußnotenübersicht

1 Vgl. Koerber/Kretschmer, 2000, S. 40 f., online.
2 Vgl. Max-Planck-Institut für Meteorologie, o. J., S. 1, online.
3 Vgl. Bakan/Raschke, 2002, S. 90 f., online.
4 Vgl. Koerber/Kretschmer/Schlatzer, 2007, S. 130 f., online.
5 Vgl. ebd., S. 131.
6 Vgl. Intergovernmental Panel on Climate Change, 2008, S. 45, online.
7 Vgl. ebd.
8 Vgl. ebd., S. 50 ff.
9 Vgl. United Nations Framework Convention on Climate Change, 2009, o. A., online.
10 Vgl. Allison et al., 2009, S. 7, online.
11 Vgl. WWF Deutschland, 2014, S. 36., online.
12 Zahl entnommen aus: Jungbluth/Büsser/Frischknecht, 2011, S. 3, online.
13 Vgl. Jungbluth/Itten/Stucki, 2012, S. 41 ff., online.
14 Eigene Berechnung, basierend auf: Jungbluth/Itten/Stucki, 2012, S. 28, online.
15 Eigene Berechnung, basierend auf: ebd.
16 Zahl entnommen aus: Jungbluth/Itten/Stucki, 2012, S. 28, online.
17 Vgl. Jungbluth/Itten/Stucki, 2012, S. 84, online.
18 Vgl. ebd., S. 43.
19 Vgl. ebd.
20 Eigene Berechnung, basierend auf: ebd.
21 Vgl. Koerber/Kretschmer/Schlatzer, 2007, S. 132, online.
22 Eigene Berechnung, basierend auf: Grießhammer et al., 2010, S. 16, online; Carlsson-Kanyama, 1998, S. 282, online.
23 Vgl. Koerber/Kretschmer, 2006, S. 179 ff., online.
24 Vgl. ebd., S. 182.
25 Vgl. Koerber/Kretschmer/Schlatzer, 2007, S. 134, online.
26 Vgl. Koerber/Kretschmer, 2007, S. 216, online.
27 Vgl. Koerber/Kretschmer, 2006, S. 183, online.
28 Vgl. Teufel et al., 2011, S. 78, online.
29 Vgl. fair-fish, 2010, S. 4 f., online.
30 Vgl. Fritsche et al., 2007, S. 5, online.
31 Vgl. Ecogood, o. J., o. A., online.
32 Vgl. Koerber/Kretschmer/Schlatzer, 2007, S. 135, online.
33 Vgl. Jungbluth/Itten/Stucki, 2012, S. 6 ff., online.
34 Vgl. Fritsche/Rausch/Schmidt, 2007, S. 7, online.
35 Vgl. Jungbluth/Itten/Stucki, 2012, S. 6 ff., online
36 Vgl. Intergovernmental Panel on Climate Change, 2008, S. 36, online.
37 Zahl entnommen aus: Houghton, 1996, S. 22, online.
38 Fleischkonsum pro Kopf in Österreich im Kalenderjahr 2012:

65,5 kg. Zahl entnommen aus: Statistik Austria, 2014c, S. 2, online. Fleischkonsum pro Kopf in Deutschland im Jahr 2012: 60,8 kg. Zahl entnommen aus: Bundesanstalt für Landwirtschaft und Ernährung (BLE), 2012, S. 1, online.
39 Vgl. Steinfeld et al., 2006, S. 3, online.
40 Vgl. ebd., 2006, S. 271 f.
41 Vgl. Wildling, 2012, E-Mail 1.
42 Vgl. Spiller/Schulze, 2008, S. 242, online.
43 Eigene Berechnung, basierend auf: Teufel et al., 2011, S. 35; S. 66, online.
44 Eigene Berechnung, basierend auf: Teufel et al., 2011, S. 66, online.
45 Eigene Berechnung, basierend auf: ebd.; Grießhammer et al., 2010, S. 15 ff., online.
46 Eigene Berechnung, basierend auf: Jungbluth/Büsser/Frischknecht, 2011, S. 4 f., online.
47 Vgl. Taylor, 2000, S. 146, online.
48 Vgl. Smil, 2002, S. 308, online.
49 Vgl. Koerber/Kretschmer, 2009, S. 280 f., online.
50 Vgl. ebd., S. 309.
51 Vgl. Stehrer, 2010, S. 24, online.
52 Vgl. ebd.
53 Vgl. ebd.
54 Eigene Berechnung, basierend auf: Grabolle/Loitz, 2007, S. 41.
55 Eigene Berechnung, basierend auf: Teufel et al., 2011, S. 66; S. 78, online. (Annahme: Eine Portion entspricht 75 g rohen Teigwaren bzw. 150 g Rindfleisch.)
56 Eigene Berechnung, basierend auf: Teufel et al., 2011, S. 35; S. 66, online. (Annahme: Eine Portion entspricht 150 g Geflügelfleisch bzw. Rindfleisch.)
57 Eigene Berechnung, basierend auf: Teufel et al., 2011, S. 66, online. (Annahme: Ein Schweinskotelett entspricht 150 g; eine Portion Rindfleisch entspricht 150 g.)
58 Eigene Berechnung, basierend auf: ebd. (Annahmen: Ein Glas Milch entspricht rund 230 ml; eine Portion Rindfleisch entspricht 150 g; die Dichte von Vollmilch mit 3,5 % Fett bei einer Temperatur von 20 °C entspricht 1,032 g/cm³.)
59 Eigene Berechnung, basierend auf: Taylor, 2000, S. 62, online; Teufel et al., 2011, S. 66, online. (Annahme: Ein Apfel entspricht 171 g; eine Portion Rindfleisch entspricht 150 g.)
60 Eigene Berechnung, basierend auf: Teufel et al., 2011, S. 66, online. (Annahme: Eine Portion entspricht 250 g Gemüse bzw. 150 g Rindfleisch.)
61 Vgl. REWE International AG, o. J., o. A, online.

62 Im Jahr 2012 für ökologische Landwirtschaft genutzte Fläche: in Österreich 18,6 %; in Deutschland 5,8 %. Zahlen entnommen aus: Eurostat, 2014, S. 1, online.
63 Vgl. Rat der Europäischen Union, 2007, S. 9, online.
64 Vgl. Hülsbergen/Küstermann, 2007, S. 17, online.
65 Vgl. Lindenthal et al., 2010, S. 52, online.
66 Zahl entnommen aus: ebd.
67 Zahl entnommen aus: ebd.
68 Vgl. Taylor, 2000, S. 59 f., online.
69 Vgl. ebd., S. 153.
70 Vgl. Lindenthal/Pfiffner/Markut, 2010, S. 5 f.; S. 11, online.
71 Vgl. Bio Austria, 2005, S. 9; S. 16, online.
72 Vgl. Hülsbergen/Küstermann, 2007, S. 12 f.; S. 17, online.
73 Vgl. Rat der Europäischen Union, 2007, S. 3, online.
74 Vgl. Bio Austria, 2012, S. 2 f., online.
75 Vgl. Schlatzer, 2011, S. 178.
76 Eigene Berechnung und Zahlen entnommen aus: Taylor, 2000, S. 60, online (Biokarotte, Biospargel).
77 Eigene Berechnung und Zahlen entnommen aus: Fritsche et al., 2007, S. 5, online (Bioteigwaren, Bioeier, Biorindfleisch).
78 Eigene Berechnung und Zahl entnommen aus: Lindenthal et al., 2010, S. 53, online (Biomilch). (Annahme: Die Dichte von Vollmilch mit 3,5 % Fett bei einer Temperatur von 20 °C entspricht 1,032 g/cm³.)
79 Tomatenkonsum pro Kopf in Österreich 2011/2012: 27,7 kg. Zahl entnommen aus: Statistik Austria, 2014b, S. 2, online. Tomatenkonsum pro Kopf in Deutschland 2011/2012: 24,9 kg. Zahl entnommen aus: Bundesanstalt für Landwirtschaft und Ernährung (BLE), 2014, S. 1, online.
80 Zahl entnommen aus: Bader/Kriesel, 2011, S. 8 f., online.
81 Vgl. Heuvelink/Costa, 2005, S. 7 f., online.
82 Vgl. ebd., S. 6.
83 Vgl. ebd., S. 3 ff.; S. 9.
84 Zahl entnommen aus: Reinhardt et al., 2009, S. 17, online.
85 Vgl. Heuvelink/Costa, 2005, S. 3, online.
86 Vgl. Theurl, 2008, S. 25, online.
87 Zahl entnommen aus: ebd., S. 82.
88 Vgl. ebd., S. 103 (= Anhang, S. 1).
89 Vgl. ebd.
90 Vgl. Kommission der Europäischen Gemeinschaften, 2008, S. 1, online.
91 Zahl entnommen aus: Grabolle/Loitz, 2007, S. 41.
92 Zahlen entnommen aus: Taylor, 2000, S. 61, online (Biofreilandanbau regional, Freilandanbau regional).

93 Zahlen entnommen aus: Theurl, 2008, S. 103 (= Anhang, S. 1), online (Biofolientunnel regional, Folientunnel regional, Folientunnel Spanien, Tomatendose, beheiztes Glashaus regional).
94 Vgl. Koerber/Kretschmer/Schlatzer, 2007, S. 134, online.
95 Vgl. Koerber/Kretschmer, 2009, S. 289, online.
96 Vgl. Bayrisches Staatsministerium für Umwelt, Gesundheit und Verbraucherschutz, 2007, S. 11, online (zit. nach Demmeler, 2007, o. A.).
97 Eigene Berechnung, basierend auf: ebd. (zitiert nach Demmeler, 2007, o. A.).
98 Vgl. Hoffmann/Lauber, 2001, S. 192, online.
99 Vgl. ebd.
100 Zahl entnommen aus: Demmeler, 2009, S. 15, online.
101 Zahl entnommen aus: ebd.
102 Eigene Berechnung, basierend auf: ebd.
103 Eigene Berechnung, basierend auf: ebd.
104 Vgl. Verbraucherzentrale Bundesverband e. V., 2010, S. 1 f., online.
105 Vgl. Heereman, o. J., S. 7, online.
106 Eigene Berechnung, basierend auf: Demmeler, 2009, S. 15, online.
107 Eigene Berechnung, basierend auf: ebd.
108 Eigene Berechnung, basierend auf: Fritsche et al., 2010, S. 8, online (Fisolen).
109 Eigene Berechnung, basierend auf: ebd. (Äpfel, Spargel).
110 Eigene Berechnung, basierend auf: Bayrisches Staatsministerium für Umwelt, Gesundheit und Verbraucherschutz, 2007, S. 11, online (zit. nach Demmeler, 2007, o. A.) (Erdbeeren, Rindfleisch, Getreide).
111 Zahl entnommen aus: Agrarmarkt Austria, 2007, online (Weintrauben).
112 Vgl. Maggi, o. J., o. A., online.
113 Vgl. Duden, o. J., o. A., online.
114 Vgl. Bernet et al., 2008, S. 2, online.
115 Vgl. ebd.
116 Vgl. Ziegler/Reitbauer/Rizzo, 2007, S. 13; S. 20, online.
117 Vgl. Koerber/Kretschmer, 2009, S. 282 f., online.
118 Vgl. Koerber/Kretschmer, 2000, S. 45, online.
119 Vgl. Koerber/Kretschmer, 2006, S. 183, online.
120 Vgl. Bernet et al., 2008, S. 3 f., online.
121 Vgl. Koerber/Kretschmer, 2009, S. 282 f., online.
122 Vgl. Teufel et al., 2011, S. 66, online.
123 Vgl. Fritsche et al., 2010, S. 8, online.
124 Eigene Berechnung, basierend auf: ebd.
125 Eigene Berechnung und Zahl entnommen aus: Teufel et al., 2011, S. 66, online.
126 Vgl. Koerber/Kretschmer, 2009, S. 280 f., online.
127 Eigene Berechnung, basierend auf: Teufel et al., 2011, S. 66, online.

128 Eigene Berechnung, basierend auf: ebd.; Lindenthal et al., 2010, S. 53, online.

129 Eigene Berechnung, basierend auf: Teufel et al., 2011, S. 66, online.

130 Eigene Berechnung, basierend auf: ebd.; Lindenthal et al., 2010, S. 53, online.

131 Eigene Berechnung, basierend auf: Lindenthal et al., 2010, online; Teufel et al., 2011, S. 66, online.

132 Zahlen entnommen aus: Hoche Butter, o. J., o. A., online.

133 Vgl. Fritsche et al., 2007, S. 8 f., online.

134 Vgl. ebd.

135 Vgl. Agrarmarkt Austria, o. J., o. A., online.

136 Milchkonsum pro Kopf in Österreich 2013. Zahlen entnommen aus: Statistik Austria, 2014d, S. 2, online.

137 Vgl. Jungbluth/Itten/Stucki, 2012, S. 43, online.

138 Vgl. ebd.

139 Eigene Berechnung, basierend auf: Lindenthal et al., 2010, S. 52, online.

140 Eigene Berechnung und Zahlen entnommen aus: ebd., S. 52 f. (Schlagobers, Bergkäse, Naturjoghurt, Milch, Camembert, Sauerrahm, Butter). (Annahme: Die Dichte von Vollmilch mit 3,5 % Fett bei einer Temperatur von 20 °C entspricht 1,032 g/cm³.)

141 Eigene Berechnung, basierend auf: Fritsche et al., 2007, S. 5, online. (Annahme: Ein Ei entspricht 53 g.)

142 Zahl entnommen aus: ebd., S. 29 (Topfen).

143 Vgl. Elmadfa et al., 2012, S. 156, online.

144 Vgl. Food and Agriculture Organization of the United Nations, 2012, S. 11, online.

145 Vgl. Greenpeace Zentral- und Osteuropa, 2012, S. 1 f., online.

146 Vgl. Greenpeace e. V., 2012, S. 4, online.

147 Vgl. Greenpeace e. V., 2014, S. 5, online.

148 Vgl. ebd.

149 Vgl. Offner, 2010, S. 46, online.

150 Vgl. Food and Agriculture Organization of the United Nations, 2012, S. 63, online.

151 Vgl. Löwenstein, 2011, S. 204.

152 Vgl. Verbraucherzentrale Bundesverband e. V., 2010, S. 1 f., online.

153 Vgl. fair-fish, 2010, S. 4 f., online.

154 Vgl. Löwenstein, 2011, S. 205.

155 Eigene Berechnung, basierend auf: WWF, o. J., o. A., online.

156 Vgl. Nguyen, 2005, S. 25, online.

157 Zahl entnommen aus: Carlsson-Kanyama, 1998, S. 282, online.

158 Eigene Berechnung, basierend auf: ebd.; Teufel et al., 2011, S. 35; S. 66, online.

159 Vgl. Erkel/Conrad/Liesack, 2007, S. 617, online.

160 Zahl entnommen aus: Houghton, 1996, S. 22, online.

161 Vgl. Erkel/Conrad/Liesack, 2007, S. 617, online.

162 Eigene Berechnung, basierend auf: Carlsson-Kanyama, 1998, S. 282, online.

163 Vgl. Fritsche et al., 2007, S. 7, online.

164 Eigene Berechnung, basierend auf: Fritsche et al., 2007, S. 5, online; Carlsson-Kanyama, 1998, S. 282, online.

165 Eigene Berechnung, basierend auf: ebd.

166 Zahl entnommen aus: Teufel et al., 2011, S. 78, online.

167 Eigene Berechnung, basierend auf: Fritsche et al., 2007, S. 5, online.

168 Eigene Berechnung und Zahlen entnommen aus: Carlsson-Kanyama, 1998, S. 282, online (Kartoffeln, Reis).

169 Eigene Berechnung und Zahl entnommen aus: Fritsche et al., 2007, S. 5, online (Kartoffelpüree).

170 Eigene Berechnung und Zahl entnommen aus: Teufel et al., 2011, S. 78, online (Teigwaren).

171 Vgl. Leisch, o. J., S. 25, online.

172 Vgl. Michel et al., 2012, S. 3, online.

173 Vgl. ebd., S. 21.

174 Vgl. ebd., S. 19.

175 Eigene Berechnung, basierend auf eigenem Versuch am 14.10.2012: In einem Wasserkocher wurde dieselbe Menge Wasser erhitzt wie auf dem Herd in einem Kochtopf mit passendem Deckel. Durch Wattvergleich und die Dauer bis zum Kochen des Wassers wurden Vergleichswerte erhoben. Das Ergebnis belief sich auf 40 % weniger Stromverbrauch für den Wasserkocher.

176 Eigene Berechnung, basierend auf: Michel et al., 2012, S. 20, online.

177 Eigene Berechnung, basierend auf: ebd.

178 Zahl entnommen aus: Fritsche et al., 2010, S. 8, online.

179 Zahl entnommen aus: ebd.

180 Vgl. Michel et al., 2012, S. 29, online.

181 Vgl. ebd.

182 Eigene Berechnung, basierend auf dem Versuch in Fußnote 175 (Wasserkocher).

183 Zahlen entnommen aus: Michel et al., 2012, S. 19 ff.; S. 29, online (passender Deckel, zu große Platte, Umluft, Induktionsherd).

184 Eigene Berechnung, basierend auf: Michel et al., 2012, S. 20, online (Dampfkochtopf).

185 Vgl. Jungbluth/Itten/Stucki, 2012, S. 44, online.

186 Vgl. Taylor, 2000, S. 88, online.

187 Bierkonsum pro Kopf in Österreich 2012/2013: 103,5 Liter. Zahl entnommen aus: Statistik Austria, 2014a, online. Bierkonsum pro Kopf in Deutschland 2012: 105,5 Liter. Zahl entnommen aus: Bundesanstalt für Landwirtschaft und Ernährung (BLE), 2014, online.

188 Weinkonsum pro Kopf in Österreich 2012/2013: 29,3 Liter. Zahl entnommen aus: Statistik Austria, 2014e, online. Weinkonsum pro Kopf in Deutschland 2012: 24,6 Liter. Zahl entnommen aus: Bundesanstalt für Landwirtschaft und Ernährung (BLE), 2014, online.
189 Zahl entnommen aus: Taylor, 2000, S. 88, online.
190 Vgl. Schwarzlmüller/Leutgöb, 2011, S. 1, online.
191 Vgl. ebd., S. 2.
192 Vgl. ebd.
193 Vgl. ebd., S. 3.
194 Vgl. ebd.
195 Eigene Berechnung, basierend auf: Wirtschaftskammer Österreich, 2008, S. 5, online.
196 Zahlen entnommen aus: Taylor, 2000, S. 88 f., online (Getränke: Bier, Spirituosen, Wein/Sekt, Obstsaft, Mineralwasser).
197 Zahlen entnommen aus: Wirtschaftskammer Österreich, 2008, S. 5, online (0,33-Liter-Bierflasche, Alu-Bierdose).
198 Zahlen entnommen aus: Schonert et al., 2002, S. 191; S. 207, online (0,5-Liter-Bierflasche, Verbundkarton).
199 Zahlen entnommen aus: Kauertz/Döhner/Detzel, 2011, S. 178, online (PET-Flasche, 1-Liter-Mehrweg-Glasflasche, Mehrweg-PET-Flasche).
200 Vgl. Monier et al., 2010, S. 62, online.
201 Vgl. ebd., S. 66.
202 Vgl. ebd.
203 Vgl. ebd.
204 Vgl. ebd.
205 Zahl entnommen aus: Kranert et al., 2012, S. 16, online.
206 Zahl entnommen aus: ebd., S. 19.
207 Zahlen entnommen aus: Grabolle/Loitz, 2007, S. 42 f. (Weißblechdose, Einwegglas, Kunststoffschale).
208 Zahlen entnommen aus: Pilz, 2011, S. 10, online (Papierobstsackerl, Kunststoffobstsackerl).
209 Zahl entnommen aus: Grabolle/Loitz, 2007, S. 43 (Restmüll).
210 Zahl entnommen aus: Quested/Johnson, 2009, S. 25, online (Lebensmittelabfälle).

211 Eigene Berechnung, basierend auf: Grießhammer et al., 2010, S. 16, online; Teufel et al., 2011, S. 66, online.
212 Vgl. Jungbluth/Itten/Stucki, 2012, S. 28, online.
213 Vgl. Grießhammer et al., 2010, S. 15 ff., online.
214 Vgl. VCÖ, 2012, o. A., online.
215 Eigene Berechnung, basierend auf: Grießhammer et al., 2010, S. 16, online; Blondel/Mispelon/Ferguson, 2011, S. 11, online.
216 Eigene Berechnung, basierend auf: ebd.
217 Eigene Berechnung, basierend auf: Grießhammer et al., 2010, S 15 ff., online (Mittelklasse-Pkw, Motorrad, Straßenbahn/U-Bahn, Linienbus).
218 Eigene Berechnung, basierend auf: ebd.; Blondel/Mispelon/Ferguson, 2011, S. 11, online (Fahrrad).
219 Eigene Berechnung, basierend auf: Fritsche et al., 2010, S. 8, online.
220 Eigene Berechnung, basierend auf: Theurl, 2008, S. 103 (= Anhang, S. 1), online; Taylor, 2000, S. 61, online.
221 Grafik angelehnt an: Hudak, 2007, S. 101; Wittingham/Kindersley, 2010, S. 234; Verbraucherzentralen Nordrhein-Westfalen, Bayern, Hessen, Niedersachsen, Saarland und Schleswig-Holstein, 2010, S. 1, online; Landesverband Steirischer Gemüsebauern, o. J., S. 1, online; Bio Austria, o. J., S. 1, online; Die Umweltberatung, 2009, S. 4, online; Lebensministerium, o. J., S. 1 f., online; Global 2000, o. J., S. 1, online.
222 Vgl. Grabolle/Loitz, 2007, S. 39.
223 Eigene Berechnung, basierend auf: Bayrisches Staatsministerium für Umwelt, Gesundheit und Verbraucherschutz, 2007, S. 11, online (zit. nach Demmeler, 2007, o. A., online).
224 Vgl. Grabolle/Loitz, 2007, S. 40.
225 Grafik angelehnt an: Verbraucherzentralen Nordrhein-Westfalen, Bayern, Hessen, Niedersachsen, Saarland und Schleswig-Holstein, 2010, S. 1, online; Die Umweltberatung, 2009, S. 4, online; Lebensministerium, o. J., S. 3, online; Global 2000, o. J., S. 1, online; Verbraucherzentrale Baden-Württemberg, o. J., S. 3, online; Hortipendium, 2012, o. A., online; Cluster Ernährung, o. J., o. A., online.

Anhang

REZEPTE FÜR DIE ZUKUNFT

Quellennachweise

Literaturverzeichnis

Grabolle, Andreas/Loitz, Tanja: *Pendos CO_2-Zähler. Die CO_2-Tabelle für ein klimafreundliches Leben* (co2online GmbH –
  Gemeinnützige Beratungsgesellschaft, Hrsg.), 2. Aufl., München/Zürich, Pendo Verlag, 2007.
Hudak, Renate: *Obst & Gemüse. Schritt für Schritt zum Küchengarten*, München, Gräfe und Unzer, 2007.
Löwenstein, Felix zu: *Food Crash. Wir werden uns ökologisch ernähren oder gar nicht mehr*, o. O., Pattloch, 2011.
Schlatzer, Martin: *Tierproduktion und Klimawandel. Ein wissenschaftlicher Diskurs zum Einfluss der Ernährung auf Umwelt
  und Klima*, 2., überarb. Aufl., Wien, LIT Verlag, 2011.
Stehrer, Sabine: *Zehn Fragen und Antworten rund ums Fleisch*, in: Medizin populär, 5/2010, S. 24–27.
Wittingham, Jo: *Frisch aus meinem Garten. Obst, Gemüse & Kräuter – Monat für Monat*, London, Dorling Kindersley, 2010.

Onlinequellen

Agrarmarkt Austria: *„CO_2-Rucksack" von Lebensmitteln ist Problembereich. Berechnung der Umweltbelastung durch CO_2-
  Emissionen beim Transport von importierten Lebensmitteln*, Presseaussendung (15.03.2007), 2007,
  www.ama-marketing.at/index.php?id=28&tx_ttnews[backPid]=27&tx_ttnews[pS]=1184140979&txttnews[pointer]=%20
  4&tx_ttnews[tt_news]%20%20=95&cHash=1605bd8ob, letzter Zugriff: 25.11.2012.
Agrarmarkt Austria: *Die Käseherstellung – ein Überblick*, 2011, www.ama-marketing.at/produktgruppen/milch-und-milch
  produkte/kaese-immer-ein-genuss/herstellung, letzter Zugriff: 24.11.2012.
Allison, Ian et al.: *The Copenhagen Diagnosis. Updating the World on the Latest Climate Change Science* (The University
  of New South Wales Climate Change Research Centre, Hrsg.), Sydney, 2009, www.ccrc.unsw.edu.au/Copenhagen/
  Copenhagen_Diagnosis_LOW.pdf, letzter Zugriff: 24.11.2012.
Bader, Renate/Kriesel, Michael: *Gemüseernte. Endgültige Ergebnisse 2011* (Statistik Austria, Hrsg.), Wien, 2011,
  www.statistik.at/web_de/static/gemueseernte_2011_endgueltige_ergebnisse_060020.pdf, letzter Zugriff: 06.09.2012.
Bakan, Stephan/Raschke, Erhard: *Der natürliche Treibhauseffekt*, in: Promet – meteorologische Fortbildung. Numerische
  Klimamodelle – was können sie, wo müssen sie verbessert werden? Teil 1: Das Klimasystem der Erde, 28, 3–4/2002,
  S. 85–94, http://orgprints.org/00000831/, letzter Zugriff: 28.10.2012.

Bayrisches Staatsministerium für Umwelt, Gesundheit und Verbraucherschutz: *Erläuterungen zur Wanderausstellung: Lebensmittel: Regional = gute Wahl*, München, 2000, zit. nach: Demmeler, Martin: Ökologische und ökonomische Effizienzpotenziale einer regionalen Lebensmittelbereitstellung, München, Technische Universität, Diss., 2007, www.stmug.bayern.de/aktuell/veranstaltungen/leihaus/doc/erlaeuterung_lebensmittel.pdf, letzter Zugriff: 11.09.2012.

Bernet, Caroline et al.: *Convenience Food* (Schweizerische Gesellschaft für Ernährung SGE, Hrsg.), Bern, 2008, www.sge-ssn.ch/media/medialibrary/pdf/100-ernaehrungsthemen/60-ernaehrungsformen_lebensstil/Merkblatt_Convenience_Food.pdf, letzter Zugriff: 14.09.2012.

Bio Austria: *Ist Bio wirklich besser? Faktensammlung zur Qualität biologisch erzeugter Lebensmittel*, Linz/Wien, 2005, www.bio-austria.at/content/download/702/3622/file/IstBioWirklichBesser2005.pdf, letzter Zugriff: 04.09.2012.

Bio Austria: *Wir schauen aufs Ganze. Die Biobäuerinnen & Biobauern. Bio-Saisonkalender*, o. O. u. J., www.bio-austria.at/content/download/32294/231429/file/saisonkalender2-8.pdf, letzter Zugriff: 24.11.2012.

Bio Austria: *Richtlinienvergleich. BIO AUSTRIA – EU VO 834/2007 und EU VO 889/2008*, o. O., 2012, www.bio-austria.at/content/download/21378/164245/file/Rili_Vergleich_BA_EU.pdf, letzter Zugriff: 24.11.2012.

Blondel, Benoît/Mispelon, Chloé/Ferguson, Julian: *CYCLE MORE OFTEN 2 COOL DOWN THE PLANET! Quantifying CO_2 Savings of Cycling* (European Cyclists' Federation ASBL, Hrsg.), Brüssel, 2011, www.bicyclenetwork.com.au/media/vanilla/file/Co2%20bikes.pdf, letzter Zugriff: 21.09.2012.

Bundesanstalt für Landwirtschaft und Ernährung (BLE): *Versorgungsbilanz Fleisch Kalenderjahr 2012 endgültig*, Bonn, 2013, http://berichte.bmelv-statistik.de/DFT-0200501-2012.pdf, letzter Zugriff: 04.09.2014.

Bundesanstalt für Landwirtschaft und Ernährung (BLE): *Verbrauch von Getränken je Kopf*, o. O., 2014, http://berichte.bmelv-statistik.de/SJT-4090600-0000.pdf, letzter Zugriff: 08.09.2014.

Bundesanstalt für Landwirtschaft, Ernährung und Verbraucherschutz: *Verbrauch von Gemüse nach Arten*, o. O., 2014, http://berichte.bmelv-statistik.de/SJT-4040500-0000.pdf, letzter Zugriff: 17.11.2014.

Carlsson-Kanyama, Annika: *Climate change and dietary choices – how can emissions of greenhouse gases from food consumption be reduced?*, in: Food Policy, 23, 3–4/1998, S. 277–293, www.sciencedirect.com/science/article/pii/S0306919298000372, letzter Zugriff: 18.11.2012.

Cluster Ernährung (Bayerisches Staatsministerium für Ernährung, Landwirtschaft und Forsten): *Haselnuss – Saison, Trocknung und Lagerung*, München, o. J., www.cluster-bayern-ernaehrung.de/cms/front_content.php?idart=741, letzter Zugriff: 25.11.2012.

Demmeler, Martin: *Klimaschutz auf kurzen Wegen. Welchen Beitrag leisten regionale Lebensmittel für Umwelt und Verbraucher?* (Bund Naturschutz in Bayern e. V.), Augsburg, 2009, www.verbraucherfuersklima.de/cps/rde/xbcr/projektklima/Ernaehrung_Reise_zum_Kochtopf_klima_region_broschuere-mareg2009.pdf, letzter Zugriff: 10.09.2012.

Die Umweltberatung: *Obst und Gemüse Saisonkalender*, 5., aktualisierte Aufl., Wien, 2009, http://images.umweltberatung. at/htm/saisonkalender-noe-poster-ernaehrung.pdf, letzter Zugriff: 24.11.2012.

Duden online: *Convenience-Food*, Mannheim, 2012, www.duden.de/rechtschreibung/Convenience_Food, letzter Zugriff: 24.11.2012.

Ecogood – einfach das Klima schützen: *Wasser aus der Leitung*, Berlin, 2012, www.ecogood.de/co2-tipps/wasser-aus-der-leitung-93, letzter Zugriff: 17.11.2012.

Elmadfa, Ibrahim et al.: *Österreichischer Ernährungsbericht 2012* (Universität Wien, Institut für Ernährungswissenschaften; Bundesministerium für Gesundheit), Wien, 2012, www.bmg.gv.at/cms/home/attachments/4/5/3/CH1048/ CMS1348749794860/oeb12.pdf, letzter Zugriff: 24.11.2012.

Erkel, Christoph/Conrad, Ralf/Liesack, Werner: *Rice Cluster I-Archaea. Methanproduzierende Mikroorganismen im Reisfeldboden*, in: BIOspektrum, 13, 06/2007, S. 617–619, http://biospektrum.de/blatt/d_bs_pdf&_id=932161, letzter Zugriff: 26.10.2012.

Eurostat: *Für ökologische Landwirtschaft genutzte Fläche*, 2014, http://epp.eurostat.ec.europa.eu/tgm/table.do?tab=table&in it=1&plugin=1&language=de&pcode=tsdpc440, letzter Zugriff: 14.08.2014.

fair-fish: *Wieviel Fisch? Wieviel ist gesund? Und Omega-3?*, Reihe fish-facts, Ausg. 5, 2., vollständig überarb. Aufl., Winterthur, 2010, www.fair-fish.ch/files/pdf/feedback/facts-5.pdf, letzter Zugriff: 17.11.2012.

Food and Agriculture Organization of the United Nations (FAO): *The State of World Fisheries and Aquaculture 2012*, Rom, 2012, www.fao.org/docrep/016/i2727e/i2727e00.htm, letzter Zugriff: 19.09.2012.

Fritsche, Uwe R. et al.: *Treibhausgasbilanzen ausgewählter Lebensmittel. Ergebnispapier für die Verbraucherzentralen. Kurzstudie* (Öko-Institut e. V., Hrsg.), Darmstadt, 2010; unveröff. Manuskript.

Fritsche, Uwe R. et al.: *Treibhausgasemissionen durch Erzeugung und Verarbeitung von Lebensmitteln. Arbeitspapier* (Öko-Institut e. V., Hrsg.), Darmstadt/Hamburg, 2007, www.oeko.de/oekodoc/328/2007-011-de.pdf, letzter Zugriff: 17.11.2012.

Fritsche, Uwe R./Rausch, Lothar/Schmidt, Klaus: *Treibhausgasemissionen und Vermeidungskosten der nuklearen, fossilen und erneuerbaren Strombereitstellung. Arbeitspapier* (Öko-Institut e. V., Hrsg.), Darmstadt, 2007, www.oeko.de/oeko doc/318/2007-008-de.pdf, letzter Zugriff: 18.11.2012.

Global 2000: *Bio-Saisonkalender*, o. O. u. J, www.global2000.at/module/media/data/global2000.at_de/content/broschuere_ biosaisonalkalender/GLOBAL2000_A3-biosaisonkalender.pdf_me/GLOBAL2000 A3-biosaisonkalender.pdf, letzter Zugriff: 24.11.2012.

Greenpeace e. V.: *Fisch. Erläuterungen zum Einkaufsratgeber*, Hamburg, 2012, www.greenpeace.de/fileadmin/gpd/user_ upload/themen/meere/Fischratgeber/Fischratgeber_2012_Erlaeuterungen_Ansicht_DS.pdf, letzter Zugriff: 19.09.2012.

Greenpeace e. V.: *Fisch-Ratgeber*, Hamburg, 2014, www.greenpeace.org/austria/Global/austria/dokumente/ratgeber/meere_fischratgeber2014_de.pdf, letzter Zugriff: 27.10.2014.

Greenpeace Zentral- und Osteuropa: *Fisch-Ratgeber*, Wien, 2012, www.greenpeace.org/austria/Global/austria/dokumente/ratgeber/meere_fischratgeber_2012_web.pdf, letzter Zugriff: 27.10.2014.

Grießhammer, Rainer et al.: *CO_2-Einsparpotenziale für Verbraucher* (Öko-Institut e. V., Hrsg.), Freiburg, 2010, www.oeko.de/oekodoc/1029/2010-081-de.pdf, letzter Zugriff: 18.11.2012.

Heereman, Raphael von: *Air Transport of Perishables. Economic Challenges in a Highly Competitive Market*, Präsentationsdokument der Lufthansa Consulting GmbH, Köln, o. J., http://legacy.icao.int/DevelopmentForum/Forum_06/Presentations/Heereman.pdf, letzter Zugriff: 11.09.2012.

Heuvelink, Ep/Costa, J. Miguel: *Introduction: The Tomato Crop and Industry*, in: Heuvelink, Ep (Hrsg.): Tomatoes, Wallingford/Cambridge, CABI Publishing, 2005, S. 1–19, http://bookshop.cabi.org/Uploads/Books/PDF/9780851993966/9780851993966.pdf, letzter Zugriff: 06.09.2012.

Hoche Butter GmbH: *Antworten auf häufig gestellte Fragen*, 2011, www.hoche-butter.de/service/faq.html, letzter Zugriff: 24.11.2012.

Hoffmann, Ingrid/Lauber, Ilka: *Gütertransporte im Zusammenhang mit dem Lebensmittelkonsum in Deutschland. Teil II: Umweltwirkungen anhand ausgewählter Indikatoren*, in: Zeitschrift für Ernährungsökologie, 2/2001, S. 187–193, www.uni-giessen.de/fbr09/nutr-ecol/_down_pdf/Veroeffentlichungen_PDF/ERNO-Transporte2.pdf, letzter Zugriff: 30.12.2012.

Hortipendium – das grüne Lexikon: *Esskastanie*, o. O., 2012, www.hortipendium.de/Esskastanie, letzter Zugriff: 24.11.2012.

Houghton, John T. et al.: *Climate Change 1995. The Science of Climate Change: Contribution of Working Group I to the Second Assessment Report of the Intergovernmental Panel on Climate Change* (Intergovernmental Panel on Climate Change, Hrsg.), Cambridge, Cambridge University Press, 1996, www.ipcc.ch/pdf/climate-changes-1995/ipcc-2nd-assessment/2nd-assessment-en.pdf, letzter Zugriff: 04.09.2012.

Hülsbergen, Kurt-Jürgen/Küstermann, Björn: *Ökologischer Landbau – Beitrag zum Klimaschutz*, in: Wiesinger, Klaus (Hrsg.): Angewandte Forschung und Beratung für den ökologischen Landbau in Bayern. Öko-Landbau-Tag 2007, Tagungsband, Schriftenreihe der Bayrischen Landesanstalt für Landwirtschaft, Freising-Weihenstephan, 2007, S. 9–21, www.lfl.bayern.de/publikationen/daten/schriftenreihe/p_24745.pdf, letzter Zugriff: 04.09.2012.

Intergovernmental Panel on Climate Change (IPCC): *Climate Change 2007. Synthesis Report. Contribution of Working Groups I, II and III to the Fourth Assessment Report of the Intergovernmental Panel on Climate Change*, S. 104 ff. (Pachauri, R. K./Reisinger, A., Hrsg.), Genf, 2008, www.ipcc.ch/publications_and_data/publications_ipcc_fourth_assessment_report_synthesis_report.htm, letzter Zugriff: 18.11.2012.

Jungbluth, Niels/Büsser, Sybille/Frischknecht, Rolf: *Environmentally friendly food consumption: What does this mean?*, 17th SETAC Case Studies Symposium, 28. 02.–01. 03. 2011 in Budapest, www.lcm2011.org/papers.html?file=tl_files/pdf/poster/day1/Jungbluth-Environmentally_friendly_food_consumption-546_b.pdf, letzter Zugriff: 29.09.2012.

Jungbluth, Niels/Itten, Rene/Stucki, Matthias: *Umweltbelastungen des privaten Konsums und Reduktionspotenziale. Schlussbericht*, Uster, 2012, www.esu-services.ch/fileadmin/download/jungbluth-2012-Reduktionspotenziale-BAFU.pdf, letzter Zugriff: 17.11.2012.

Kauertz, Benedikt/Döhne, Andrea/Detze, Andreas: *Ökobilanz von Getränkeverpackungen in Österreich. Endbericht* (ifeu – Institut für Energie- und Umweltforschung, Hrsg.), Heidelberg, 2011, www.ara.at/uploads/media/Oekobilanz__Getraenkeverpackungen_Oesterreich_2010_Langfassung.pdf, letzter Zugriff: 30.09.2012.

Koerber, Karl von/Kretschmer, Jürgen: *Bewusst essen – Klima schützen*, in: UGB-Forum, 5/2007, S. 214–217, www.verbraucherfuersklima.de/cps/rde/xbcr/projektklima/Ernaehrung_Klima_Koerber_06-030.pdf, letzter Zugriff: 18.11.2012.

Koerber, Karl von/Kretschmer, Jürgen: *Ernährung nach den vier Dimensionen. Wechselwirkungen zwischen Ernährung und Umwelt, Wirtschaft, Gesellschaft und Gesundheit*, in: Ernährung & Medizin, 21/2006, S. 178–185, www.bfeoe.de/EuM-2006-178_185.pdf, letzter Zugriff: 18.11.2012.

Koerber, Karl von/Kretschmer, Jürgen: *Ernährung und Klima. Nachhaltiger Konsum ist ein Beitrag zum Klimaschutz*, in: AgrarBündnis e. V. (Hrsg.): Der kritische Agrarbericht 2009, München, ABL Verlag, 2009, S. 280–285, www.kritischer-agrarbericht.de/fileadmin/Daten-KAB/KAB-2009/vonKoerber_Kretschmer.pdf, letzter Zugriff: 28.11.2012.

Koerber, Karl von/Kretschmer, Jürgen: *Zukunftsfähige Ernährung. Gesundheits-, Umwelt-, Wirtschafts- und Sozialverträglichkeit im Lebensmittelbereich*, in: Zeitschrift für Ernährungsökologie, 1/2000, S. 39–46, http://orgprints.org/00000831/, letzter Zugriff: 18.11.2012.

Koerber, Karl von/Kretschmer, Jürgen/Schlatzer, Martin: *Ernährung und Klimaschutz – wichtige Ansatzpunkte für verantwortungsbewusstes Handeln*, in: Ernährung im Fokus, 5/2007, S. 130–137, www.dgk.de/fileadmin/user_upload/Pressearchiv-bilder/smog/Ernaehrung_und_klimaschutz.pdf, letzter Zugriff: 18.11.2012.

Kommission der Europäischen Gemeinschaften: *VERORDNUNGEN. VERORDNUNG (EG) Nr. 889/2008 DER KOMMIS-SION*, Amtsblatt der Europäischen Union L 250/1, o. O., 2008, http://eur-lex.europa.eu/LexUriServ/LexUriServ.do?uri=OJ:L:2008:250:0001:0084:DE:PDF, letzter Zugriff: 24.11.2012.

Kranert, Martin et al.: *Ermittlung der weggeworfenen Lebensmittelmengen und Vorschläge zur Verminderung der Wegwerfrate bei Lebensmitteln in Deutschland. Kurzfassung* (Universität Stuttgart, Institut für Siedlungswasserbau, Wassergüte- und Abfallwirtschaft), Stuttgart, 2012, www.zugutfuerdietonne.de/uploads/media/Studie_Lebensmittelabfaelle_Kurzfassung_02.pdf, letzter Zugriff: 27.10.2014.

Landesverband Steirischer Gemüsebauern: *Steirischer Gemüse-Saisonkalender*, o. O. u. J., www.steirergemuese.at/media/ 551/cms_48cbdd2c1d549.pdf, letzter Zugriff: 24.11.2012.

Lebensministerium: *Saisonkalender Gemüse/Obst*, o. O. u. J., www.bewusstkaufen.at/uploaded-docs/BK_Saisonkalender12 82917245.pdf, letzter Zugriff: 24.11.2012.

Leisch, Wilfried: *Energie sparen. Umwelt und Konto schonen* (Arbeiterkammer, Hrsg.), o. O. u. J., www.arbeiterkammer.at/ bilder/d46/Energiesparbroschure.pdf, letzter Zugriff: 21.09.2012.

Lindenthal, Thomas et al.: *Klimabilanz von Ökoprodukten. Klimavorteile erneut nachgewiesen*, in: Ökologie & Landbau, 153, 1/2010, S. 51–53, www.fibl.org/fileadmin/documents/de/oesterreich/arbeitsschwerpunkte/Klima/klimabilanz_lindenthal _oekologie_landbau_1001.pdf, letzter Zugriff: 13.09.2012.

Lindenthal, Thomas/Pfiffner, Lukas /Markut, Theresia: *Biodiversität als Ziel des multifunktionalen Ansatzes „Biologische Landwirtschaft"*, Seminarunterlagen „Biologische Landwirtschaft und Artenvielfalt", Wien, 2010, www.netzwerk-land. at/umwelt/veranstaltungen/downloads_bio_artenvielfalt/biosem_lindenthal, letzter Zugriff: 13.09.2012.

Maggi GmbH: *Historie – Magginalien*, Frankfurt am Main, o. J., www.maggi.de/Meta-Navigation/ueber-maggi/historie/ default.htm, letzter Zugriff: 24.11.2012.

Max-Planck-Institut für Meteorologie: *Wie funktioniert der Treibhauseffekt?* (Max-Planck-Gesellschaft zur Förderung der Wissenschaften e. V., Hrsg.), München, o. J., www.mpimet.mpg.de/fileadmin/grafik/Poster_2012/Poster_pdf/Treibhaus effekt_d06.pdf, letzter Zugriff: 24.11.2012.

Michel, Anette et al.: *Energieeffizienz von Kochmethoden. Messungen mit Eiern, Kaffee, Kartoffeln, Teigwaren sowie Pizza* (Swiss Alpine Laboratories for Testing of Energy Efficiency, Hrsg.), Chur, 2012, www.topten.ch/uploads/File/Energieeffi zienz%20von%20Kochmethoden_Bericht%20April%202012.pdf, letzter Zugriff: 24.11.2012.

Monier, Véronique et al.: *PREPARATORY STUDY ON FOOD WASTE ACROSS EU 27. Final Report 2010* (European Commission, Hrsg.), Paris, 2011, http://ec.europa.eu/environment/eussd/pdf/bio_foodwaste_report.pdf, letzter Zugriff: 24.09.2012.

Nguyen, Nguu Van: *Global climate changes and rice food security*, in: Food and Agriculture Organization of the United Nations (Hrsg.): International Rice Commission Newsletter, Vol. 55, 2005, Rom, S. 24–30, www.fao.org/forestry/15526-03ecb62366f779d1ed45287e698a44d2e.pdf, letzter Zugriff: 27.10.2012.

Offer, Christian: *Im Klaren fischen. Wie Fischerinnen auf Sumatra den Mangrovenwald retten*, in: Robin Wood Magazin, 105, 2/2010, S. 46 f., www.robinwood.de/fileadmin/Redaktion/Dokumente/Magazin/2010-2/105-46-47-mangroven.pdf, letzter Zugriff: 19.09.2012.

Pilz, Harald: *Carbon Footprint von Tragetaschen und „Obstsackerl" aus Papier und Kunststoff* (denkstatt GmbH, Hrsg.), Wien, 2011, http://denkstatt.at/files/denkstatt_carbon_footprint_tragetaschen___obstsackerl_v1.0_feb_2011.pdf, letzter Zugriff: 30.09.2012.

Quested, Tom/Johnson, Hannah: *Household Food and Drink Waste in the UK. Final Report* (WRAP, Hrsg.), Banbury, 2009, www.e-alliance.ch/fileadmin/user_upload/docs/Household_food_and_drink_waste_in_the_UK_-_report.485524e8.80 48.pdf, letzter Zugriff: 24.11.2012.

Rat der Europäischen Union: *VERORDNUNGEN. VERORDNUNG (EG) Nr. 834/2007 DES RATES*, Amtsblatt der Europäischen Union L 189/1, o. O., 2007, http://eur-lex.europa.eu/LexUriServ/LexUriServ.do?uri=OJ:L:2007:189:0001:0023: DE:PDF, letzter Zugriff: 24.11.2012.

Reinhardt, Guido et al.: *Ökologische Optimierung regional erzeugter Lebensmittel: Energie- und Klimagasbilanzen* (ifeu – Institut für Energie- und Umweltforschung, Hrsg.), Heidelberg, 2009, https://ifeu.de/landwirtschaft/pdf/Langfassung_ Lebensmittel_IFEU_2009.pdf, letzter Zugriff: 11.09.2012.

REWE International AG: *Ja! Natürlich – Österreichs größte Bio-Marke*, Wiener Neudorf, o. J., www.rewe-group.at/ Geschaeftsbereiche/Oesterreich/Eigenmarken/Ja__Natuerlich/Ja__Natuerlich/rg_Content.aspx, letzter Zugriff: 24.11.2012.

Schonert, Martina et al.: *Ökobilanz für Getränkeverpackungen II/Phase 2. Forschungsbericht 103 50 504*, in: Umweltbundesamt (Hrsg.): Umweltforschungsplan des Bundesministeriums für Umwelt, Naturschutz und Reaktorsicherheit, Reihe Texte 51/02, Berlin, 2002, www.umweltdaten.de/publikationen/fpdf-l/2180.pdf, letzter Zugriff: 30.09.2012.

Schwarzlmüller, Elmar/Leutgöb, Johanna: *Getränkeverpackungen am Prüfstand. Nachhaltiger Getränkekonsum: Mehrweg gewinnt* (Die Umweltberatung, Hrsg.), Wien, 2011, http://images.umweltberatung.at/htm/getraenkeverpackungsranking -infobl-abfall.pdf, letzter Zugriff: 26.10.2012.

Smil, Vaclav: *Worldwide transformation of diets, burdens of meat production and opportunities for novel food proteins*, in: Enzyme and Microbial Technology, Vol. 30, 3/2002, Den Haag, S. 305–311, www.sciencedirect.com/science/article/pii/ S014102290100504X, letzter Zugriff: 18.11.2012.

Spiller, Achim/Schulze, Birgit (Hrsg.): *Zukunftsperspektiven der Fleischwirtschaft. Verbraucher, Märkte, Geschäftsbeziehungen*, Göttingen, Universitätsverlag Göttingen, 2008, http://webdoc.sub.gwdg.de/univerlag/2008/fleischwirtschaft.pdf, letzter Zugriff: 18.11.2012.

Statistik Austria: *Versorgungsbilanz für Bier 1980/81 bis 2012/13*, Wien, 2014, http://www.statistik.at/web_de/static/ versorgungsbilanz_fuer_bier_198081_bis_201213_022330.pdf, letzter Zugriff: 08.09.2014 (zit. als Kürzel 2014a).

Statistik Austria: *Versorgungsbilanz für Gemüse 2011/12*, Wien, 2014, www.statistik.at/web_de/static/versorgungsbilanz_ fuer_gemuese_200708_bis_201213_022323.pdf, letzter Zugriff: 08.09.2014 (zit. als Kürzel 2014b).

Statistik Austria: *Versorgungsbilanz für Fleisch nach Arten 2008 bis 2013*, Wien, 2014, http://www.statistik.at/web_de/static/ versorgungsbilanz_fuer_fleisch_nach_arten_2008_bis_2013_022374.pdf, letzter Zugriff: 04.09.2014 (zit. als Kürzel 2014c).

Statistik Austria: *Versorgungsbilanz für Rohmilch und Milchprodukte 2008 bis 2013*, Wien, 2014, http://www.statistik.at/web _de/static/versorgungsbilanz_fuer_rohmilch_und_milchprodukte_2008_bis_2013_022382.pdf, letzter Zugriff: 08.09.2014 (zit. als Kürzel 2014d).

Statistik Austria: *Versorgungsbilanz für Wein 1971/72 bis 2012/13*, Wien, 2014, http://www.statistik.at/web_de/static/ versorgungsbilanz_fuer_wein_197172_bis_201213_022333.pdf, letzter Zugriff: 08.09.2014 (zit. als Kürzel 2014e).

Steinfeld, Henning et al.: *Livestock's long shadow. Environmental issues and options* (Food and Agriculture Organization of the United Nations, Hrsg.), Rom, 2006, www.fao.org/docrep/010/a0701e/a0701e00.HTM, letzter Zugriff: 18.11.2012.

Taylor, Corinna: *Ökologische Bewertung von Ernährungsweisen anhand ausgewählter Indikatoren*, Gießen, Justus-Liebig-Univ., Diss., 2000, http://bibd.uni-giessen.de/gdoc/2000/uni/d000074.pdf, letzter Zugriff: 29.08.2012.

Teufel, Jenny et al.: *Grobscreening zur Typisierung von Produktgruppen im Lebensmittelbereich in Orientierung am zu erwartenden CO_{2e}-Fußabdruck. LANUV-Fachbericht 29* (Landesamt für Natur, Umwelt und Verbraucherschutz Nordrhein-Westfalen, Hrsg.), Recklinghausen, 2011, www.lanuv.nrw.de/veroeffentlichungen/fachberichte/fabe29/fabe29.pdf, letzter Zugriff: 18.11.2012.

Theurl, Michaela C.: *CO_{2e}-Bilanz der Tomatenproduktion. Analyse acht verschiedener Produktionssysteme in Österreich, Spanien und Italien* (Institute of Social Ecology, Hrsg.), Alpen-Adria-Univ., Dipl.-Arb., Reihe Social Ecology Working Paper 110, Klagenfurt/Graz/Wien, 2008, www.uni-klu.ac.at/socec/downloads/WP110_WEBVERSION, letzter Zugriff: 05.09.2012.

United Nations Framework Convention on Climate Change: *Copenhagen Accord*, o. O. u. J., http://unfccc.int/meetings/ copenhagen_dec_2009/meeting/6295.php, letzter Zugriff: 24.11.2012.

VCÖ – Mobilität mit Zukunft: *So können Autofahrer ihre Spritkosten verringern*, Presseaussendung (23.02.2012), www.vcoe.at/de/presse/aussendungen-archiv/details/items/Ausgabe2012-35, letzter Zugriff: 24.11.2012.

Verbraucherzentrale Baden-Württemberg, *Frischekalender Obst und Gemüse. Was gibt's wann in Baden-Württemberg*, 2. Aufl., Ostfildem, o. J., www.vz-bawue.de/mediabig/71511A.pdf, letzter Zugriff: 25.11.2012.

Verbraucherzentrale Bundesverband e. V.: *Flugimporte von Lebensmitteln und Blumen nach Deutschland. Eine Untersuchung im Auftrag der Verbraucherzentralen*, o. O., 2010, www.vzhh.de/ernaehrung/100184/Zusammenfassung%20Studie%20 Flugimporte.pdf, letzter Zugriff: 30.12.2012.

Verbraucherzentralen Nordrhein-Westfalen, Bayern, Hessen, Niedersachsen, Saarland und Schleswig-Holstein: *Heimisches Obst und Gemüse: Wann gibt es was?*, 2., überarb. Aufl., Düsseldorf, 2010, www.verbraucherfuersklima.de/cps/rde/xbcr/ projektklima/Saisonkalender-A4.pdf, letzter Zugriff: 24.11.2012.

Wirtschaftskammer Österreich: *Nachhaltigkeitsagenda 2008–2017 der österreichischen Wirtschaft für Getränkeverpackungen*, Wien, 2008, www.mehrweg.at/file/001080.pdf, letzter Zugriff: 24.11.2012 (zit. nach IFEU [2007] aus WKO [2008] – Quelle im Zuge der Recherchen allerdings nicht auffindbar).

WWF Deutschland: *Beifangrechner*, o. O. u. J., www.wwf.de/beifangrechner/popup.html, letzter Zugriff: 24.11.2012.

WWF Deutschland: *Klimawandel auf dem Tisch*, 2., unveränderte Auflage, Berlin, 2014, http://www.wwf.de/fileadmin/fm-wwf/Publikationen-PDF/Klimawandel_auf_dem_Teller.pdf, letzter Zugriff: 29.10.2014

Ziegler, Dagmar/Reitbauer, Simone /Rizzo, Lucia: *TrendReport Convenience. Machen Sie es sich bequem* (SevenOne Media, Hrsg.), Unterföhring, 2007, www.sevenonemedia.de/c/document_library/get_file?uuid=4c86b321-8f2c-43b1-9df8-c231f4 obfa07&groupId=10143, letzter Zugriff: 14.09.2012.

E-Mail-Beleg

Wildling, Erwin: *Versorgungsbilanz Fleisch 1960–1994*, E-Mail 1, an die Autorin, Graz, 31.08.2012.

Abbildungsverzeichnis

Abb. 1: Konsum, Illustration der Autorin
Abb. 2: Ernährung, Illustration der Autorin
Abb. 3: Fleisch, Illustration der Autorin
Abb. 4: Bioprodukte, Illustration der Autorin
Abb. 5: Glashaus, Illustration der Autorin
Abb. 6: Importware, Illustration der Autorin
Abb. 7: Convenience-Food, Illustration der Autorin

Abb. 8: Milchprodukte, Illustration der Autorin
Abb. 9: Beifang, Illustration der Autorin
Abb. 10: Beilagen, Illustration der Autorin
Abb. 11: Kochen, Illustration der Autorin
Abb. 12: Getränke, Illustration der Autorin
Abb. 13: Abfall, Illustration der Autorin
Abb. 14: Mobilität, Illustration der Autorin

REZEPTE FÜR DIE ZUKUNFT

Impressum

Originalausgabe Becker Joest Volk Verlag
© 2015 – alle Rechte vorbehalten
1. Auflage März 2015

ISBN 978-3-95453-072-4

Idee, Konzept, Text: Susanne Pretterebner
Grafisches Konzept, Layout, Satz: Susanne Pretterebner
Fotografie: Hubertus Schüler
Bildbearbeitung und Lithografie: Ellen Schlüter und
Makro Chroma Joest & Volk OHG, Werbeagentur
Projektleitung: Johanna Hänichen
Lektorat: Doreen Köstler
Druckerei: Mohn Media Mohndruck GmbH

Praktisch: Die Einkaufslisten zu den Rezepten aus
diesem Buch können Sie unter
www.bjvvlinks.de/1012
für die gewünschte Personenzahl berechnen
und für Ihren Einkauf ausdrucken.

**BECKER
JOEST
VOLK
VERLAG**

www.hjvv.de

Die Autorin und der Verlag danken allen Beteiligten, die
durch ihre Mithilfe und Unterstützung zum Gelingen dieses
Buches beigetragen haben.

Für die unermüdlichen Bemühungen um die außerordent-
liche Qualität dieses Buches danken wir als Verlag unseren Mitarbeitern Johanna Hänichen, Anne Krause, Ellen
Schlüter, Melanie C. Müller-Illigen, Philine Anastasopoulos,
Katharina Staal, Justyna Krzyżanowska, Christine Zimmer
und Valerie Mayer.

Diese Publikation entstand 2013 unter der Betreuung von
Catherine Rollier als Masterarbeit am Studiengang Media
and Interaction Design an der FH JOANNEUM (Studien-
gangsleitung: Josef Gründler).

FH | JOANNEUM
University of Applied Sciences

Trotz intensiver Recherche war es nicht möglich, alle Quellen ausfindig zu machen und exakt anzuführen. Bei etwai-
gen Mängeln oder Fehlern ersuchen wir um Mitteilung an
den Verlag.

Bei allen Bezeichnungen, die auf Personen bezogen sind,
meint die gewählte Formulierung beide Geschlechter,
auch wenn aus Gründen der leichteren Lesbarkeit auf die
weibliche Form verzichtet wurde.